クラスがぎゅっとひとつになる！

成功する 学級開き
ルール&
アイデア事典

静岡教育サークル「シリウス」編著

明治図書

はじめに

　2014年４月１日。平成26年度の第１回目の職員会議で，28回目の学級担任を命ぜられました。
　会議が終わり，前担任から子どもたちについての情報を聞いたり，担任となる子どもたちの名前を知ったりする中で，子どもたちのイメージが少しずつ自分の頭の中に広がってきました。
　「今年は，どんな出会いをしようかな？」と子どもたちとの出会いの場を頭の片隅に入れながら，学年の先生と年度初めの学年・学級事務を行いました。
　毎年４月に繰り返される，担任となる子どもたちとの対面。しかし，この対面こそが一年の中で一番大切なときだと，私はいつも思っています。
　子どもたちは学年が一つ上がり，「〇年生になったのだから，がんばるぞ！」という決意をもつと同時に，「今度の先生はどんな先生なのだろう？」と期待と不安を心に秘めながら待っています。
　そんな思いでいる子どもたちのことを考えると，初めての出会い・初めての授業にも力が入るのは当然ですね。もちろん，例年と同じアイデアを使って出会いの場を考えることも多々ありますが，私自身は全く同じパターンでそのアイデアを行うことはありません。必ずどこかを変えてやろうと考えています。それが，子どもたちとの出会いの場を大切にし，アイデアを進化させることにつながるからです。

　本書には，静岡教育サークルのみなさんが実践された素晴らしいアイデアがたくさんあります。この本を読まれた方が，この様々なアイデアの中に"これだ！"と思われるものが一つでもあり，自分なりにアレンジをして実践してくれたら，こんなにうれしいことはありません。

静岡教育サークル「シリウス」
宇佐美　吉宏

Contents

はじめに 2

1章 成功する学級開き おさえておきたい10のルール

- ルール1　方針を決めよう ── 8
- ルール2　見通しをもとう ── 10
- ルール3　最初の一週間のタイムスケジュールをつくろう ── 12
- ルール4　情報を集めよう ── 14
- ルール5　連携をはかろう ── 16
- ルール6　学級組織を構想しよう ── 18
- ルール7　学びの空間をデザインしよう ── 20
- ルール8　モノを準備しよう ── 22
- ルール9　希望と夢を語ろう ── 24
- ルール10　長期戦で臨もう ── 26

2章 クラスがひとつになる！ 成功する学級開きアイデア

子どもたちとの出会いの前にすべきこと ── 30

- 子どもの名前を覚えるワザ　32
- 教室環境を整えよう　34
- 学年共通のルールを確認しよう　36
- 子どもも教師も負担にならない時間割作成術　38
- これでバッチリ！学級開きチェック項目　40

初めての出会いのシナリオ — 42

- 期待を高める出会いのメッセージ　44
- 子どもたちの気持ちを高める新しいノートのわたし方　46
- 担任自己紹介　折り句で初めまして！　48
- 出会いは先輩からのお手紙で　50
- 方針①　担任の所信表明演説―教育方針を伝えよう―　52
- 方針②　共同作業を取り入れた「やる気・元気・根気」　54
- アイデア①　「メビウスの輪」で驚きやはてなをもたせて　56
- アイデア②　キャンドルサービスで心をひとつに　58
- アイデア③　くす玉でメッセージを伝えよう　60
- アイデア④　一人一人の力を集めてクラスをつくろう！　62
- 子どもがつながる！名札づくり　64
- 学級だよりで先生の紹介　66
- 新しい教科書をじっくり見よう　68
- 男女仲良く　クラスみんなで集合写真　70
  - **BREAK!**　一人一人の存在が輝く掲示の仕方　72

4月当初に決めるべきこととは？ — 74

【学級目標】

- ①3ステップで学級目標を決めよう！　76
- ②一年間を貫くキーワードはただひとつ！　78
- ③学級目標を合い言葉にしよう　80
- ④ちょっとの工夫で掲示がもっと魅力的に！　82
  - **BREAK!**　幸運の女神さまで何事も意欲的に！　84

【係＆当番活動・朝の会＆帰りの会】
　定番の係を決めよう　86
　一分間のお仕事　88
　学級委員を日常的に働かせよう　90
　みんなで毎日　朝の道場　92
　いつでも話せる！「突然のスピーチ」　94

【掃除・給食】
　分担制で責任感アップ！　96
　自然に静かに上手な掃除　98
　時間管理でバッチリ！給食準備①　100
　時間管理でバッチリ！給食準備②　102
　みんな納得！給食おかわりルール　104

【授業づくり】
　座席レイアウトを教えよう！　106
　「教室はまちがうところだ」で授業開き　108
　「いい目いい耳いい心」を合い言葉に　110
　どの子も活躍！バリエーションのある参観授業　112
　授業は鼓型を目指そう！　114
　発表が生き生きするちょっとした工夫　116
　子どもを静かにさせるコツ　118
　板書はシンプルに　120
　ICT活用で役立つ情報機器はこれ！　122
　授業のまとめは必ず教師がやろう　124
　ポイント制で宿題も楽しく！　126

【保護者対応】
　初めての懇談会は宝くじで　128
　親子度チェックで子ども理解　130
　保護者会でお悩み相談　132
　子どもクイズで家庭訪問を楽しく　134
　学級だよりを発行しよう　136
　心をつかむ連絡・対応の仕方　138

一ケ月を乗り切ったら考えること　140
　たくさんのアプローチで子どもを知ろう　142
　くじ引き席替えで，多くの友達と仲良くなろう　144
　３回の運で決まる席替えで子どもたちも納得!!　146
　学級づくりに役立つ！友達づくりゲーム　148
　授業には体験や活動を取り入れよう　150
　板書の係を決めて責任感を育もう　152
　授業のまとめは"ふりかえりシート"で　154
　家庭学習が一目でわかる「家庭学習・連絡カード」　156

おわりに　158

1章

成功する学級開き おさえておきたい10のルール

1章 成功する学級開き おさえておきたい10のルール

ルール1

方針を決めよう

本年度,どんなクラスをつくっていきたいのか,どんな子どもに育ってほしいのか,学級づくりの方針を決めます。

 自分が大切にしたいことを確かめる

毎日,教室では様々な出来事が起き,その場その場での対応が求められます。私たちは,無意識のうちに自身の教育観に基づき反射的に対応しているのですが,普段はあまり意識しない「自分が大切にしているもの」を確認しましょう。私の場合は,学校が楽しいところだと感じてほしい,学校に来ることを楽しみにする子になってほしい,ということがすべての教育活動の根底にあります。

 どんな子に育ってほしいのか

自分が大切にしていることを受け,どんな子に育ってほしいのか,子どもに求めることを確かめます。子どもへの願いといってもよいでしょう。

学級目標は,実際にクラスの子どもたちと出会い,子どもの実態を受けてつくっていくものです。子どもへの願いというのは「こうした子どもを育てていきたい」という,理想とする子ども像のことです。私の場合は,

・自分のできる限りを尽くすことができる子
・見つけ,考え,実行する子

・人の笑顔を見たいと思える子
という願いをもっています。

 ## どんな授業をしたいのか

　学校生活の中で，最も多くの時間を費やすのが授業の時間です。授業の成否が，学級づくりを決めるといっても過言ではありません。授業づくりと学級づくりは，よく車の両輪に例えられます。学級開き前に，どんな授業をしていきたいのか，授業づくりの基本方針を立てます。私は，
・「おもしろい」「またやりたい」という知的好奇心のある授業，子どもが夢中になって取り組む授業をしよう。
・体験型の授業を展開したい。チャンスがあれば本物体験をさせよう。
・一生懸命な人に出会わせたい。その道でがんばっている人から吸収してほしい。
ということを授業づくりで大切にしています。

成功の秘訣

・自分が大切にしたいものを確認しよう。
・どんな子に育ってほしいのか，子どもへの願いを確かめよう。
・どんな授業をしたいのか，授業づくりの基本方針を立てよう。

1章　成功する学級開き　おさえておきたい10のルール

ルール2

見通しをもとう

いつ・どこで・何を・どうするのか，一年間の見通しを立てます。

 年間指導計画一覧表をつくろう

　授業の進度や行事が，一目でわかる一覧表を作成します。授業進度については，いつ・どの単元を学習しなければならないかがこれでわかります。
　また学校行事や学年行事も入れることで，同時期にいくつもの行事が重なることを防ぐことができます。

第6学年　年間指導計画一覧表

月	4月			5月				6月				7月			9月			
週	1	2	3	1	2	3	4	1	2	3	4	1	2	3	1	2	3	4
行事	1年生を迎える会 遠足			家庭訪問				交通安全リーダー プールびらき							プールおさめ 歴史探訪			
国語	カレーライス	生き物はつながりの中に 短歌・俳句の世界 暮らしの中の言葉						ガイドブックを作ろう 学級討論会をしよう				森へ 本は友達			船／りんご イーハトーヴの夢 みんなで生きる			
社会	大昔の暮らし							武士の時代をさぐろう							新しい			
	・国作りへの歩み			・大陸に学んだ国作り				・武士の政治が始まる				・全国統一への動き ・幕府の政治と人々の成長			・新しい時代の幕開け			
算数	倍数と約数 積や商の見積もり			分数 いろいろな分数の計算				合同な図形				いろいろな立体	単位量当たりの大きさ		体積			
理科	ものが燃えるとき				ヒトや動物の体			生物とかんきょう 食物連鎖 植物の水の通り道						広げよう科学の世界	水溶液の性質			

10

力を入れて取り組むことをピックアップしよう

　年間指導計画一覧表ができたら，全体を見通して「今年はこれをがんばろう」という，力を入れて取り組みたい教科や行事をピックアップします。また教科と教科を関連づけながら授業を進めることができないかを考えます。

 ## 子どもを育てるステップ

　子どもは一足飛びに変わるわけではありません。地道で具体的な指導を積み重ねることでしか，成長はありません。そこで，一年間をいくつかの時期に分けて，どの時期にどんな姿であってほしいか，どんなことに気をつけて指導をするかを書き出します。例えば
　4月〜6月：手いたずらをせずに教師の話が聞ける。
　7月〜9月：友達の発言に対してに対して応える（反応する）。
　10月〜12月：対決型の授業を組み，発言の型を教える。
　1月〜3月：教師は脇役となり，子どもが主体で学級のことを進める。

成功の秘訣

・授業の進度や行事が，一目でわかる年間指導計画一覧表を作成しよう。
・力を入れて取り組むことを考えよう。
・子どもを育てるステップを書き出そう。

1章　成功する学級開き　おさえておきたい10のルール

ルール3
最初の一週間のタイムスケジュールをつくろう

出会いの日から最初の一週間の計画を立てて，どんな先生か，どんな授業をするのか，どんなときに叱るかを授業を通して知らせます。

 最初の一週間の計画を立てよう

　学級を立ち上げるときには，提出物を集めたり，係を決めたりするなど，しなくてはいけないことがたくさんあります。限られた時間の中で，いつ何をするのか綿密に計画を立てておきます。

 どんな先生か伝えよう

　子どもたちは「今度の先生はどんな先生だろう」と期待と不安で興味津々です。自分がどんな教師であるか具体的な授業を通して伝えていきましょう。「最初が肝心」とばかり，ただ厳しくするだけの指導は感心できません。
　子どもがやる気にあふれ，素直な時期なのですから「今年は楽しいことがありそうだぞ」と子どもに期待感をもたせたいものです。
　そのためには王様ジャンケンなど，やり方が簡単で，みんなが盛り上がるような活動を意図的に計画しておきます。

どんな授業をするのか伝えよう

　ルール1「方針を決めよう」で述べたように，こんな授業をしたいという授業づくりの基本方針を立てたら，それを最初の一週間の中で具現化し，子どもに示しましょう。

　例えば，知的好奇心のある授業をしたいという方針に基づいて，5年生の社会では，五円玉を使った授業をしました。五円玉をよく見ると，稲穂や歯車がデザインされています。また稲穂の根元には複数の水平線があり，それぞれ農業・工業・水産業を表しています。こんな謎解きをしながら「今年の社会は，日本の産業について学ぶのだよ」と伝えます。

 どんなときに叱るのか伝えよう

　意図的に叱る時間を計画する必要はありません。放っておいても，子どもは叱られるようなことをしてくれます（笑）。最初の出会いの日に，どんなときに叱るのか，叱る基準を示しておいて，それを引き合いに出し「人の心を傷つけたから叱ります」と改めて基準を示しながら，再確認します。

成 功 の 秘 訣

・最初の一週間を具体的に計画しよう。
・どんな先生か学級生活の中で伝えよう。
・どんな授業をするのか具体的な授業で伝えよう。
・叱る基準を示しながら，どんなときに叱るか確かめよう。

1章　成功する学級開き　おさえておきたい10のルール

ルール4

情報を集めよう

今年度受け持つ子たちは，どのような子たちか，配慮しなくてはいけないことがあるか，様々なチャンネルを通して情報を集めましょう。

 指導要録から集めよう

　公的な記録簿として，指導要録があります。特に，指導に関する記録については，各教科の評価やあらわれが記述されています。最近では，指導要録の開示を前提に作成されるので，子どものよいあらわれが中心に書かれています。

　この記述は，例えばこんなふうに使えます。出会いの日，その子のいいところを確かめながら握手をします。もちろん事前に指導要録に目を通し，子どもの長所をメモしておきます。握手する際，メモをちらっと見ながら「○○さんは，～～が得意なんだね。一年間よろしくね」と声をかけて握手をします。

　子どもたちは，『どうして自分のいいところ，得意なことがわかるのだろう？』と不思議そうな顔をしますが，ほめられることが嫌であるはずがありません。少し照れながらも，握手を返してくれます。

　指導要録には，その子のセールスポイントが詰まっています。

 引き継ぎ書から集めよう

　どこの学校でも，引き継ぎ書をつくっていることと思います。指導要録に

は書けないけれど,どうしても伝えなければならないことが記述され,マル秘扱いとなっています。

　身体的な配慮事項,友達関係,保護者対応に関することなど,雑多ですが重要なことが多々書かれています。一度か二度,目を通したら,あとはしっかり保管をしておきましょう。これにとらわれすぎると,偏見をもって子どもを見てしまう恐れがあります。何か気になるあらわれがあったときに,確認の意味で見直すとよいでしょう。

 前の担任の先生から集めよう

　以前受け持った先生が校内にいたら,積極的に尋ねましょう。小さな頃のエピソードや書類には書かれていないことを教えてもらうことができます。

成功の秘訣

・指導要録には子どものセールスポイントが満載!
・引き継ぎ書にはとらわれすぎない。
・前の担任の先生に積極的に尋ねよう。

1章　成功する学級開き　おさえておきたい10のルール

ルール5

連携をはかろう

学級経営は，担任一人でやるものではありません。子どもをよりよく育てるという同じ目的のため，学年・学校と連携しながら進めます。

 学年の先生方との連携

　最も重要な連携が同学年の先生方との連携です。特に年度当初は，学年内の仕事分担や年間の大まかな見通しなど，決めなくてはいけないことばかりです。
　まずは学年内での共通理解や確認をしたあとに，学級開きの準備を進めます。年度当初，学年部に関わるものとして，次のような内容があります。

〈学年部に関わること〉

- ドリルやワークシート，テスト類などの副教材の選定
- 学年代表の言葉の順番
- 組分けの掲示について
- １年生を迎える会の内容　プレゼントや練習日程
- 学年費の予算案立案　教材，見学場所，交通費など
- 転入生児童の書類確認
- 学年目標
- シャープペンの使用について
- カバンの利用について
- 朝の活動の内容について
- 宿題の内容について
- 社会科見学について　（時期，目的地，交通手段等）

特に，シャープペンの使用やカバンでの登校について，担任による違いがあらわれがちです。子どもたちは，そうしたわずかな違いに敏感で「先生，シャープペンを使っていいですか？」と初日に聞いてきます。

　迷ったときは，すぐに返事をしないで「同じ学年の先生と相談してみるね」と学年部で相談して，方針を定めます。

 昨年度の担任との連携

　昨年度の担任は，子どもたちのことをよく知っています。一人一人のことはもちろん，人間関係についても把握しています。4月当初，迷うことがあったとき，前担任の先生に相談をすれば，きっとよい助言をもらえることでしょう。

 学年部以外の職員との連携

　上記以外にも，級外の先生，養護教諭，事務職員，管理職など，それぞれの立場で子どもに関する情報や配慮事項をもっています。「これは…」と気になるときには，いろいろな立場の先生に尋ねるとよいです。

成　功　の　秘　訣

・学年部と綿密に連携しよう。
・昨年度の担任の先生に相談しよう。
・学年部以外の職員とも連携しよう。

1章 成功する学級開き おさえておきたい10のルール

ルール6

学級組織を構想しよう

学級組織には，教師の願いや考えが具体的な形となってあらわれます。教育の骨格を組み立てましょう。

学級組織にはどんなものがあるか

学級組織には，学級委員，当番活動，係活動などがあります。学級組織は，集団の一員としてよりよい生活づくりに参画し，日常の生活や学習に自主的に取り組めることを目的とします。

学級委員はどうやって決めるか

学級委員は，学級活動で話合いの計画や準備等を行います。学級委員の選出方法は，担任によって異なります。どんな子どもにも経験できるようにするのか，話合いの司会運営ができる子だけに候補者を絞るのか，教師の考えが反映されます。どんな子どもに学級委員をさせたいのか方針を立てる必要があります。

当番活動のしくみを考えよう

当番活動は，日々の学級生活を維持するために必ず取り組む必要がある活動で，学級の全員が順番で行う仕事です。掃除当番，給食当番，日直当番な

どがこれに当たります。

　当番活動では、いつ・誰が・何を・どうする、という役割を明確にすることが必要です。この役割分担が曖昧だと、とたんに仕事は停滞し、不平等な状況が生まれます。

 係活動のしくみを考えよう

　係活動は、楽しく豊かな学級や学校の生活づくりのため「子どもたちによる、子どもたちのための活動」です。子どもたち自身の力で学級生活をより豊かにすることをねらいとしています。

　新聞係・音楽係・あそび係など、楽しい学級にするために創意工夫ができるようなしくみを考えます。係活動では、誰もが・いつでも・工夫して活動できる環境づくりをすることが必要です。こうした自由さが活発な係活動につながります。

成功の秘訣

・方針に基づいて学級委員の選出方法を決めよう。
・当番活動は、いつ・誰が・何を・どうする、という役割を明確に。
・係活動は、誰もが・いつでも・工夫して活動できる環境づくりを。

1章 成功する学級開き おさえておきたい10のルール

ルール7

学びの空間をデザインしよう

教室を学びの空間としてふさわしい機能的なデザインにすることで，子どもたちが快適に過ごすことができます。

 机の配置をデザインする

　児童用の机，教師用の机，教卓をどこにどう置くか，配置の仕方一つとっても意図が違います。例えば児童用机の配置には，前向き型・コの字型・斜め型・グループ型があります。基本はどの型で，どんな場面でどんなレイアウトにするのかを考えます。

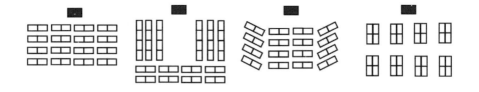

 掲示物の位置をデザインする

　教室内には，掃除当番表や給食当番表など様々な掲示物があります。子どもが見るだけのものは，見やすいように高い場所がよいです。当番表など，子どもが自分たちで順番を変えるものであれば，作業しやすい場所に掲示する必要があります。

黒板周りをデザインする

　黒板に余分な物を貼らずに広く使います。黒板は板書スペースとして全部を使って授業をすれば，見やすい板書になります。

　子どもの名前を記したネームプレートや各種の磁石類，プリント等を黒板に貼っておくと邪魔になります。これらは，黒板下に小黒板などを用意して貼れば，黒板がすっきりします。

　背面黒板は，係のお知らせ・月の予定など目的に応じて，レイアウトします。また，高学年であれば計画黒板の横に，今週の予定を貼っておきます。予定係の子は，この週の予定を見て自分で書くことができます。

成功の秘訣

・目的に応じた机の配置をデザインしよう。
・掲示物は，掲示する内容に合わせて貼る場所を考えよう。
・黒板は広々と使いやすくしよう。

1章 成功する学級開き おさえておきたい10のルール

ルール8

モノを準備しよう

出会いの演出，使いやすい教室環境，教材教具などを準備することで，スムーズなスタートダッシュができます。

出会いの演出を彩るモノ

　初めての出会いは，印象に残るものにしたいです。モノを準備して，今年の担任への期待を膨らませましょう。例えばこんなモノを用意します。

(1) **新しい先生からのメッセージを黒板に書いておく**
　　新学年への期待が高まるメッセージを黒板に書いておき，一緒によいクラスをつくっていく気持ちを伝えます。

(2) **名刺を用意する**
　　どんな先生かを紹介した自己紹介カードを用意します。前年度に担任した学級の子たちに「新しく○○先生のクラスになる人へ」と担任を紹介するカードを書いてもらい，これを名刺代わりに配ります。

使いやすい教室環境を整えるモノ

　初めて足を踏み入れる教室はがらんとしています。機能的で使いやすい学級にするためにモノを準備します。

(1) **棚やサブデスクを用意する**
　　紙類の整理のための棚やノートや作品などを置くサブデスクなど，自分

の仕事がしやすいように環境を整えます。
(2) 小物の整理整頓
　　教室は様々な小物であふれかえります。班ごとに提出物を入れる収納ボックス，磁石類を貼るスペースなど整理整頓ができるモノを用意します。

 ## 教材教具を準備しよう

(1) 定番の教材教具を用意する
　　雨の日用にトランプやオセロ，柔らかなボールなど，あると何かと便利で毎年使えるモノを用意します。
(2) 自分の得意分野の教材教具やグッズを用意する
　　ＩＣＴが得意なら，実物投影機やプロジェクターなどＩＣＴ関連教具，音楽が得意ならギターなどの楽器など，グッズを用意しておくとすぐに使えますし，「先生すごい！」と子どもたちの憧れとなります。

成功の秘訣

・出会いの演出をしよう。
・使いやすい教室環境をつくろう。
・自分の得意分野の教材教具やグッズを準備しよう。

1章 成功する学級開き おさえておきたい10のルール

ルール9

希望と夢を語ろう

学級づくりの方針が決まったら，それを端的に示します。子どもたちとの初めての出会いでは，こんな学級をつくろうよ，と教師の希望と夢を語ります。

 教師の希望と夢を語ろう

　学級開きの初日にすべきことは，教師の希望と夢を語ることです。この一年間，出会った先生と君たちで，こんなクラスをつくっていこうよ，という学級づくりの方針を示すことです。慌ただしい新学期初日ですから，長い時間をかけることはできません。短く端的に示します。

　話を聞いた子どもたちが，「この先生と一緒にがんばろう」と思えるように語りかけます。例えば次のようにです。

　窓の景色を見てごらん。今までと景色が違うでしょう。そう，今日から君たちは，2年生。学校の中でちょっぴりお兄さん，お姉さんになりました。

　机の上やロッカーに名前のシールが貼ってあるでしょう。「どんな子かな」「いい子かな？」と先生は，一人一人のことを考えながら貼っていきました。今一人一人のキラキラしている目を見て，君たちと出会えてよかったと思っています。

　2年生は楽しいことがいっぱいだよ。おもしろいことがいっぱいあると先生が約束します。みんなで，この組をいいクラスにしていこう。

黒板のウェルカムメッセージや学級通信で伝えよう

　教師の希望や夢は，あらかじめ黒板に書いておいたり，学級通信で保護者に伝えたりします。

　特に黒板のメッセージはおすすめです。新学期初日，子どもたちの最大の関心事は「担任の先生は誰か？」です。わくわくドキドキしながら，新しい教室に入ります。そのとき，黒板に温かなメッセージがあったら「誰が書いてくれたんだろう？　一年間がんばろう」と心が震え立つに違いありません。

　学級通信でも，自己紹介や学級づくりの方針を保護者にも伝えます。保護者も，「どんな先生か？」ということをいち早く知りたいので，学級通信を使って理解を図ります。

 ## 一緒に笑おう

　簡単なゲームをして一緒に笑う場面をつくります。初日に，みんなで笑って「あぁ，楽しかった」という思いを共有することの価値は，はかりしれません。短いけれど，楽しいひとときを演出しましょう。

成功の秘訣

- 子どもの心が震え立つような教師の希望と夢を語ろう。
- 希望や夢は，黒板のウェルカムメッセージや学級通信でも伝えよう。
- 一緒に笑い合う，楽しいひとときを演出しよう。

1章　成功する学級開き　おさえておきたい10のルール

ルール10

長期戦で臨もう

> 学級づくりは，初めが肝心です。けれど初めだけではなく，一年間継続する長期戦である，という覚悟をもつことこそが肝心です。

 ## 学級づくりは長期戦

　学級経営において「初めが肝心」であることは，誰もが指摘するところです。年度当初に教師の方針を示し，学級を組織することの重要性が揺らぐことはありません。
　しかし，最初の形を整えれば，一年間が安泰かといえばそんなことはありません。子どもは生き物ですから，日々変化します。ですから学級づくりは，絶えず変化する子どもに合わせて手を添えていく長期戦である，という覚悟をもたなくてはいけません。

 ## 指導の道筋を立てる

　この時期には，こんなふうにあってほしい，という子どもの姿を描きます。目指す姿が決まったら，それに合わせてどんな道筋で指導を進めていくのか，計画を立てます。
　例えば私は，子どもを育てるステップとして，次のように計画しました。子どもは一足飛びに育ちませんから，順を追いながら指導を進めます。

一年を3ステージに分け，それぞれの時期にどんな姿であってほしいかスモールステップで目標をつくります。

第1ステージ（4月〜6月）
・話し合いの隊形があること，余分なものはしまうこと。
・全員が発表する機会をもつこと。
　全員が発表を10回したらパーティを行う。
・話をしている人の方を見て聞くこと。
・「○○さんにつけたしで」「○○さんと似ているんだけれど」などの接頭語を使うこと。

第2ステージ（7月〜10月）
・呼びかけるように話すこと，反応すること。
　　「〜じゃん」「〜と思うんだよ」「〜でしょ」という語尾を使う
　　　　→「うん」「あぁ」と応えやすい
・対決型の授業を組む。
・発言の型を教える。
　　少数派→多数派→質問，反対（自由討論）→意見変更

第3ステージ（11月〜3月）
・子どもたちが突拍子もない，異質な考えを思いつくこと。
　　→楽しい，おもしろい授業
・共感型の授業をしくむ。

成功の秘訣

・学級づくりは長期戦。「初めが肝心」ですが，指導の筋道を立てて，最後まで手を入れていくことが大切！

2章

クラスがひとつになる！
成功する学級開きアイデア

2章 クラスがひとつになる！成功する学級開きアイデア

子どもたちとの出会いの前にすべきこと

ベーシックフロー 構えなくていいですから，教師がゆったりと子どもと接するのをイメージしましょう。落ち着いた出会いは落ち着いた学級経営の手始めです。出会いの前に深呼吸です。

❶ 名前を覚えること

　今や匿名の時代といえるくらい，「ペンネーム」「ハンドルネーム」など昔では考えられないほど「本名」は隠されています。

　昔は「名を名乗れ」と言って，殺し合いの勝負でさえ，名前を名乗りました。今では，「本名」で呼ばれることは，子どもにとって，親以外ほとんどありません。名前で呼ばれることは，「親族」の証とも言えます。

　だからこそ，名前を覚えましょう。名前を覚えることこそ出会いの前にすべきことです。「サッカーが得意だってね」と前担任からの引き継ぎを言ってあげると，それだけで教師を信用するようになります。

❷ 教室環境を整えること

　教室は子どもたちがほとんど終日を過ごす生活の場。

　ですから，利便性の高いものでなければなりません。

　使いやすい鉛筆削りの場所，ファイルの置き場所，チョークの置き場所，それらの教室レイアウトが重要になってきます。（こちらについては『学級力がアップする！教室掲示＆レイアウト　アイデア事典』〈静岡教育サークル「シリウ

ス」編著・明治図書〉を参考にしてください。）

❸ 学年共通のルールの確認

　「2組ではシャープペンを使っていいけど，4組ではだめだって，これっておかしくない?!」とすぐに子どもたちは言います。

　これは学年，あるいは学校のルールが統一されていないからです。

　学年共通のルールをつくることは学年部としてのまとまりと学級崩壊を防ぐための方策です。

　「シャープペンはなぜ持ってきてはいけないか」

　「朝来たら，まず宿題を出すこと」

　「授業の挨拶は声をそろえること」

などの「けじめ」をつけ，理由を説明しながら，子どもたちに話します。

❹ 時間割を作成する

　例えば，小学校3年生の6時間目であればほとんど授業になりません。（ベテランであればその時間帯の子どもたちの様子が目に浮かぶでしょう。）

　しかし，時間数がある以上，やらざるを得ない学校が多いと思います。そういうときは，「手作業を入れた教科」「身体を使った学習」の教科を6時間目にもってきます。図工や，総合や体育などです。

　算数や国語をもってくるのは大抵2時間目，3時間目でしょう。

　4時間目は給食がありますし，1時間目は朝の会が長引くことも考えられます。

　それを組むのは担任（と教務主任）ですから，子どもたちの体調を考えた時間割にする必要があります。

2章　クラスがひとつになる！成功する学級開きアイデア

子どもの名前を覚えるワザ

初めて会った先生が心を込めて自分の名前を呼んでくれたら，きっと嬉しいはず。学級開きを成功させるのになにより大切なこと，それはクラスの子どもたちの名前を早く覚えることです。

 顔写真を見ながら覚える

　昨年度の学級の集合写真をお借りし，その中で今年度受け持つ子どもたちの顔と名前を見ながら，名前を覚えていきます。人は視覚から得る情報が一番多いです。この方法なら初日から子どもたちの顔と名前が一致します。一人一人，裏に名前を書いて，神経衰弱方式で覚えるのもよい方法です。

 ＩＣレコーダーやスマートフォンの録音機能を使って覚える

　耳から覚える方法です。出席番号順に子どもたちの名前をふきこみます。「１番，○○○○　　２番，○○○○　　３番，……」といった具合です。「１番」と「○○○○」の間に，少し間をあけて録音します。そのつくった「間」に子どもの名前が出てくれば覚えてきた証拠です。通勤途中の電車の中や車の中，ちょっとした隙間時間に聞くだけで覚えられます。

 座席表をつくって覚える

　出席番号順に並べた座席表をつくります。座席表を横目で見ながらＩＣレ

コーダーを聞いていきます。実際に座る予定の位置と子どもの名前が合致してきます。
　また，指導要録を見させていただき，その子のよいところを前述の座席表に書き加えます。

 出席番号順に覚える

　4月は子どもたちを出席番号順で座らせます。予定帳の確認や配付物を集める際など，出席番号順に教師のところへ来させ，間近で名前と顔を確認します。名札がついていない子には「名札をつけてきてね」と話しましょう。

 机の前面に名札をつける

　教室前方から見えるように，机の前面に画用紙でつくった名札をつけます。九切画用紙の縦半分くらいでよいでしょう。
　机の前面の大きな名札は4月以降，担任以外の先生が授業するときにも大変便利です。

成功の秘訣

・出会いの日までに暗記してしまうと，子どもたちは本当に驚きます。呼名しながら，机のところまで行って一人一人と握手をします。
・前学年の指導要録を見て，その子のよいところをメモしておき，「○○さんの，いいところは○○なんだね」とひと言付け加えると「なぜ知っているの？」とびっくりします。

2章 クラスがひとつになる！成功する学級開きアイデア

教室環境を整えよう

朝，教室に落ちていたゴミが誰にも拾われることなく，掃除の時間までそのまま……なんてことはないですか？　そんな「小さなこと」「些細なこと」が学級経営を大きく左右します。

教室のドアのレールを見てみる

　教室の玄関口にゴミが放置されていませんか？　玄関が汚いお宅は多くの場合，中へ入っても汚いものです。先生の机の上も要注意です。あなたの教室は，子どもたちが学習するのに快適な学びの空間になっているでしょうか。

掃除ロッカーをあけてみる

　ロッカーにふたがしてあっても，掃除の時間のたびに，子どもたちが毎日目にするところです。掃除ロッカーだけでなく，子どもたちの使う棚やロッカー，給食の白衣や帽子をかけるところは大丈夫ですか？　先生が気にかけなくなった場所は，子どもたちも気にかけなくなります。

学級目標を掲示する

　教室に入って，一番目につくところに学級目標を掲示しましょう。先生と子どもたちとの一年間の約束です。月日が経って，はがれたり色あせたりしたら，こまめに直しましょう。

足跡がわかる掲示をする

　一人一人の目標，係活動，委員会や学習の記録。それらがわかる掲示がしてあるでしょうか？　学習活動の足跡を掲示し残すことも大切です。目標や係活動の掲示物に本人たちの写真が入るとさらによいです。

 ## 子どもたちの作品を掲示する

　ひと月ごとは大変でも，季節ごとには変えていきましょう。子どもの作品が大切に飾られている教室には温かみがあります。ただ飾るだけではなく，作品には先生のコメントあるいは友達のよさを認める相互評価をつけるとさらによいです。

成功の秘訣

- 教室前面の掲示物は，学級目標等，必要最小限のものだけにしましょう。黒板まわりがごちゃごちゃしていると，授業中に子どもの気が散ります。
- 子どもたちのネーム磁石（黒板につけるもの）を用意すると，学びの足跡にも使えますし，授業でも使うことができます。席替えや，係決めのときにもとても便利です。
- お花があるとさらによいですが，枯れたままにしておくのはNGです。

2章 クラスがひとつになる！成功する学級開きアイデア

学年共通のルールを確認しよう

ルール5でも示したように，はっきりとした学年共通のルールをつくることは，学年としてのまとまりと学級崩壊を防ぐための方策です。

 学年共通ルールをはっきりさせておく

「1組はいいのに，2組はダメっておかしくない？」とならないために学年共通のルールをはっきりさせておきましょう。（ただし，学校のルールがあれば，最優先します。）

〈学年として検討する例〉
□シャープペンは持ってきてよいか
　使ってよいかだけでなく，持ってきてもよいかまで確認。
□バッグの使用について
　ランドセル・指定カバン以外に使うバックをいつ使うのか，どのようなバックが望ましいのか。
□交換ノートについて
　学校には持ってきてもよいか，やってもよい場合にはルールも。
□体操着やプールのときの着替えについて
　教室で着替えるのか，特別教室を使ってもよい形にするのか。
　もし，特別教室を使ってもよい場合にはルールもつくっておく。（プールを2クラスで行う場合には，1組を男子，2組を女子という形もよい。）

□トイレの使用場所
　数ヶ所使うことができる場合には、基本的に使う場所を決めておく。
□休み時間の過ごし方について
　用が無いときに、別の教室に入らない。廊下で遊ばない。
□帽子や名札の着用の徹底

 学年開きの際に、はっきりと子どもたちに伝える

　はっきりとしたルールを学年部で確認できたら、学年集会で子どもたちに伝えましょう。はっきりと決めたルールでも、伝え方が違うと、子どもたちの受け取り方に違いが出てしまうことがあるからです。
　また、伝えるときには学年の中で担当を決めておくとよいでしょう。
　　例）学習に関する話をする先生、生活についての話をする先生、
　　　　運動についての話をする先生など

成功の秘訣

- 学校としてのルールがあれば、最優先にします。
- 学年のどの先生でも同じ受け答えになるようにしましょう。
- 年度途中でも、子どもたちが確認したいことが出てきたら、いつでも応じましょう。
- 学年で話し合いができていなくて、迷った場合には、即答せずに必ず学年で相談してから、答えるようにしましょう。

2章 クラスがひとつになる！成功する学級開きアイデア

子どもも教師も負担にならない時間割作成術

4月初めに行う時間割の作成では，高学年は，専科の授業や体育館・理科室等の関係により，作成に苦労します。担任裁量で行う，時間割のつくり方を紹介します。

月曜日の1時間目は，国語または道徳

月曜日，子どもたちの学習への構えは，あまりよくない傾向にあります。このため，国語では，漢字や音読などを行う時間にします。また，道徳では，声を出して資料を読む，友達やグループで相談するなどの活動を取り入れたものにします。

低学年の生活科は二時間続きにする

低学年の生活科は，一時間の活動では，子どもたちは物足りないです。つくったり，調べたりする活動では，二時間必要になります。

金曜日の5時間目は，国語または手作業の教科

金曜日の最後の時間は，子どもたちの集中力が，あまりありません。また，教師も週の終わりで疲れています。国語の時間にして，読書教材を読んだり，図書室で読書をしたり，図工など手作業の教科にしましょう。

技能教科（図工・音楽・家庭・体育）は同じ曜日にしない

　子どもたちの持ち物が，多くなります。それだけで，学習への構えが低下します。登校中にけがをすることもあります。

― 成 功 の 秘 訣 ―

・専科の授業，体育館の使用割り当てなどをはじめに組み込みます。
・学級担任の裁量で教科を動かしましょう。
・時間割の変更は，なるべく少なくしましょう。

2章 クラスがひとつになる！成功する学級開きアイデア

これでバッチリ！学級開きチェック項目

これだけは学級開き前にやっておきたいという項目のチェックリストです。

 チェックリスト

〈学級開き前に決めておくこと〉
  □各分掌の決定
  □名簿づくり（エクセルで入力済みのものをもらう）
  □出席簿づくり
  □家庭数の確認⇒学年主任へ報告⇒学籍担当へ報告
  □靴箱の名札（シールを生徒指導担当からもらい，靴箱に貼る）
  □ロッカーの名札（同上）
  □帽子かけの名札（同上）
  □フックの名札（同上）
  □教科書授与名簿作成⇒教科書担当に確認
  □朝のモジュールの計画
  □ペア集会　遊ぶ場所（晴れの場合・雨の場合）
  □学年経営案検討・学級経営案検討
  □教科書配布（図書室など教科書が搬入されている部屋）
  □初回の授業参観会について
  □授業時間割表作成　出張授業は何の教科にするか

□保健関係提出物　学級名簿　混合，男女別　各10枚を養護教諭に提出
　　□副読本，テストドリル類の決定と注文
　　□転入者ゴム印発注
　　□１－６年パートナー名簿を作成
　　□ノートの決定・注文
　　□クリアファイル発注等
　　□学年だよりの担当順の決定・通信名の決定

〈学級開き後にやること〉
　　□名刺づくり　ペア集会に名刺を交換
　　□１年生を迎える会のプレゼントづくり（○日まで）
　　□家庭調べ配布集約
　　□学級委員（男子２女子２）　前期後期の児童会役員を決める
　　□給食当番の決定
　　□掃除分担の決定
　　□係活動の決定
　　□委員会活動の決定

　⇒楽しみながら見直しをもって早めの準備を！

成功の秘訣

- 全部できていなくても見切り発車でＯＫくらいの心のゆとりを。
- ４月の事務は多いですが，優先順位をつけましょう。
- まずは，子どもの目に触れる「教室経営」が一番大事です。

2章　クラスがひとつになる！成功する学級開きアイデア

初めての出会いのシナリオ

> **ベーシックフロー**　出会いのシナリオを示します。子どもたちの出方を，ゆったりとした気持ちで受け取めながら話しましょう。教師の人間性がすべてです。

❶ どんな先生だろう？

「どんな先生だろう」―これが子どもたちが抱く一番の不安です。

「怒る厳しい先生だと嫌だな」「一緒に遊んでくれる先生がいいな」「おもしろい先生がいいな」「話しやすい先生だといいな」「宿題が少ないといいな」などもあります。

「勉強を上手に教えてくれる先生だといいな」と思う子は案外少ないです。やはり，学力よりもその先生の「人間性」を子どもたちは見ていますし，それに期待しているのです。

子どもが安心してスタートを切ることができる，笑顔になるアイデアを考えて臨みましょう。

一方，保護者は「教え方の上手い先生を」と学力面を重要視します。

❷ 出会いの基本シナリオ例

①黒板に「どんな先生か」期待をもたせつつ，願う姿を書いておきます。

②「先生」はあくまで「先生」です。「友達」ではありません。
　服装に気をつけ，ネクタイをして臨みましょう。

③自己紹介をします。子どもたちの不安をぬぐうのが最初の出会いです。
「楽しい授業をする」「おもしろい授業をする」「一緒に勉強をしていきましょう」と子どもたちの期待に応えましょう。

④趣味の話や，おもしろい話をします。「楽しい先生だな」と子どもたちが思う演出をします。

⑤子どもたちと握手をします。握手することでその子の反応がわかります。
強く握りかえしてくる子はいたずら好きな子です。
弱く握る子は自分に自信がない子です。

⑥自分の目標を子どもたちに伝えます。
こんなクラスをつくっていきましょうと願いを子どもたちに伝えます。

⑦子どもたち同士も初めてですから，「好きなこと」（これが一番言いやすい）で自己紹介をしてもらいましょう。

⑧他己紹介でも仲間づくりになります。（ここまでを一ヶ月以内に行います。）

❸ 出会いから三ヶ月をめやすに

⑨教師の学級の方針を受けて，子どもたちで話し合い「学級目標」を決めます。

⑩授業の規律を教えます。発表の仕方，うなずき方，声の大きさなどです。

⑪各教科によるある程度の「授業の型」を教えます。
　例えば，国語の物語では
　・登場人物は誰ですか。
　・主人公の気持ちががらっと変わるところはどこですか。
　・主人公の心情曲線を段落ごとに書いてみよう。
　・その理由＝キーワードを探そう。
　などです。
　以上の「学級開き」は初日だけでなくおよそ三ヶ月をかけて行います。

2章　クラスがひとつになる！成功する学級開きアイデア

期待を高める出会いのメッセージ

担任の名前は明かさずにメッセージを伝えましょう。そうすることで，「今度の担任の先生はどんな先生かな？」と子どもたちの期待を高め，最初の出会いを演出できます。

初めて出会う子どもたちへのメッセージを考える

　一年間をスタートするにあたり，最初に子どもたちに伝えたいことを考えます。担任としてどんなクラスにしていきたいかなどをメッセージに盛り込みます。

メッセージを黒板に書く

　子どもたちが登校する前に，新しい学級の教室の前黒板にメッセージを書きます。黒板がほとんど埋めつくされるくらい書くとインパクトがあります。メッセージを拡大コピーして，黒板に貼り付ける方法もあります。

最後の部分に「これから○年○組の担任になる先生より」と書く

　メッセージの最後に「これから○年○組の担任になる先生より」と書いて文章を終わります。担任の名前は書きません。空白だけをつくっておきます。

担任発表が行われた後,教室でメッセージを子どもたちと一緒に読む

　担任発表後に教室に戻ってきたら,子どもたちと一緒にメッセージを読みます。最後の文の「これから○年○組の担任になる先生より」と読んだ後,空白に「その担任となった先生の名前は,○○　○○です」と言いながら担任の名前をフルネームで書き加えます。

▲こんな出会いの言葉もステキです

成功の秘訣

・事前に黒板にメッセージを書くことで,子どもたちにインパクトをもたせ,新担任への期待をさらにふくらませます。
・新しいクラスで先生が子どもたちに伝えたいことをメッセージに盛り込みます。

2章 クラスがひとつになる！成功する学級開きアイデア

子どもたちの気持ちを高める新しいノートのわたし方

子どもたちにノートを大切に使ってもらいたいという願いから，ノートをわたすのにもひと工夫を加えます。

進級を祝う言葉を入れた手紙を作成する

　進級を祝う言葉や新しいノートをどんな風に使ってもらいたいかなどの教師の想いをわかりやすく伝えます。また，どのノートがどの教科で使われるのかわかるように明記しておくと，あとで説明するときも楽です。

子どもたちの机に新しいノートと手紙を置いておく

　新しいノートについては，どんな規格のノートを使うか学年の担任同士で話し合って決め，始業式の前日までに届けてもらえるように業者に注文をします。ノートが届いたら，子どもたち一人一人の机の上に新しいノートと手紙をきちんと並べて置きます。

▲どのノートがどの教科で使うかわかるように明記しておきます

成功の秘訣

・「進級おめでとう！」という教師の想いが伝わるような文章を書きます。
・ノートの規格をしっかり明記し，子どもたちが進んで名前が書けるようにしておきます。

2章　クラスがひとつになる！成功する学級開きアイデア

担任自己紹介
折り句で初めまして！

黒板メッセージ以外の学級開きの初日に自分のことを紹介するアイデアです。クイズ形式の楽しい雰囲気で折り句を読み解きます。新しい先生の氏名とどんな先生かがわかり，子どもの印象に残ります。

 折り句で自己紹介をする

「みなさんよろしく。私のことを紹介します」と黒板に少しずつ折り句を書いていきます。
「りもり元気」
「かが好き」
「のしく遊んで」
　ここまで黒板に書くと，子どもたちは「りもり元気？」「蚊が好き？」とワイワイ言い出します。
「実は，各句の最初にもう１文字ずつ入るんだけれど何かわかりますか？」
「わかった」
　元気な声があがって「も・り・た」が入ることがわかります。「け・た・か・ひ」も同様に進めて，最後は「ろ」。
「実はまだ"ろ"を考えていないけれど何がいいかな？」と尋ねると
「わかった！　老人！」
"ろ"は，なかなかいいものが見つかりません。すると
「ロマンチックな人」
「素晴らしい！」と即採用。なかなかいい句ができました。

[も] りもり元気	[け] んかゼロ	[ひ] ーローで
[り] かが好き	[た] よれて	[ろ] マンチックな人
[た] のしく遊んで	[か] っこいい	

自分たちでもつくってみる

　自分たちでも辞書を見ながら折り句をつくってみよう，と呼びかけ自分のことを紹介する折り句をつくります。（折り句をつくるのは二日目以後にします。）このとき，辞書を見ながらつくると，表現豊かなユニークな折り句をつくることができます。

　折り句ができたら，子どもの写真などと共に教室に貼り出せば，よい掲示物になります。

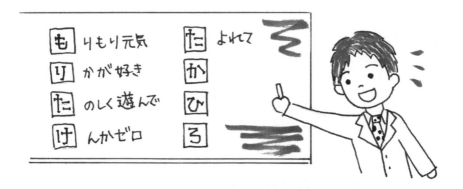

成功の秘訣

・子どもを巻き込みながら，楽しい雰囲気で自己紹介をします。
・辞書を見ながら，子どもも折り句をつくってみます。
・写真をつけて子どもの折り句を教室に飾りましょう。

2章　クラスがひとつになる！成功する学級開きアイデア

出会いは
先輩からのお手紙で

子どもたちにとって，担任の先生がどのような先生なのかは大きな関心事です。そこで，前年度に受け持った子どもたちの言葉から，どんな先生なのかを知ってもらいましょう。

 前年度にやっておくべきこと

　年度末に用紙を配布し，とにかく自由に（多少の無礼は目をつぶって）先生のことについて書かせておきます。
【書かせる項目例】
　・○○先生のいいところ，すごいところ
　・○○先生のいまいちなところ
　・○○先生はこれをすると怒るよ
　・○○先生との思い出　　など

 出会いの日に（初日か二日目に）

　「これから，先生が前の年に一緒に過ごした子どもたちからのお手紙を配ります。先生のことが詳しく書いてありますから，楽しみにしてください。そして，先生がどんな先生なのかを知ってください」と伝え，先輩からのお手紙を配布し，しばらく読む時間を与えます。
　時間に余裕があれば，友達が持っているお手紙と読み比べたり，一言感想を言わせたりしてもよいでしょう。

先輩からの手紙を回収して

　一年間一緒に過ごした子どもたちは，以下のポイントはしっかりとわかってお手紙を書いているはずなので，
　・先生が叱るポイント
　・学級経営をしていく上で大切にしておくこと
の二点について，お手紙を回収した後にあらためてしっかりと伝えることで，子どもたちにより浸透します。
　そして，「年度末にはみなさんにも先輩からのお手紙を書いてもらう」ことを伝え，楽しい思い出をいっぱいつくろうと約束します。

成功の秘訣

・これから一年間を過ごすことが，楽しみになったり，希望をもったりできるよう楽しい内容のお手紙を書かせましょう。
・前年度に書かせておく先輩からのお手紙には，最初に伝えておきたい項目を入れておくとよいです。（子どもを叱るポイントや，大切にしたいこと）
・初日は教科書配布などやることが多いので，二日目に行うと子ども同士が先輩からのお手紙を見せ合って楽しそうに話し合う姿も見られます。

2章 クラスがひとつになる！成功する学級開きアイデア

方針① 担任の所信表明演説
―教育方針を伝えよう―

教師として，揺るがない教育方針をもっていると指導がぶれなくなります。ぜひ自分の教育方針を見つけてください。担任の方針が子どもに伝われば子どもも担任の望む学級づくりに協力しやすくなります。

所信表明演説―担任の教育方針の発表―

なるべく早いうちに行います。こういうクラスにしたいという担任の決意表明ですから，学級開きでの自己紹介の後などが望ましいです。参考に私の教育方針の「徳」の話を書きます。

子どもに伝える「徳の話」

私のおばあさんは101歳まで生きました。若い頃は小学校の先生をしていて，お葬式にはその当時の教え子の人たちが大勢来ました。お葬式に来た人もお年寄りです。70歳，80歳の人たち。その人たちが，小学校のときに「『日の丸』の歌を教えてもらった」「鉄棒を教えてもらった」と覚えているのです。もう60年70年ぐらいの前の話をしっかりと覚えているのです。

私は，おばあさんはどんなことを教えていたのだろうと思いました。そのとき，お葬式で，和尚さんがこんな話をしました。

「このおばあさんは，ただ勉強を教えていたのではない。『徳』を教えていたのです。体育は体を鍛える。知育は頭を鍛える。そして徳育は心を鍛える

のです」
　私は,「徳」とは何か気になり和尚さんにもう少し詳しくお話を聴くことにしました。和尚さんはこう話してくれました。

　「徳」という漢字は本当はこう書きます。
　「徳」の字のつくりの部分のまっすぐの「直」の字は10人の人の目で見ても，大工の差し金「L」(物差し)で測っても曲がっていない，まっすぐなものという意味です。だから徳のつくりは，まっすぐな心,素直で正直な心なのです。直という字を使った言葉に「正直」や「素直」がありますね。それは曲がっていない心のことなのです。そしてぎょうにんべんは人の行いを指します。
　「徳」とはまっすぐで正直で，素直な人の行いのことです。

　私のおばあさんはそういうことを，子どもたちに教えていたのかと思い，そういうことは50年60年経っても心に残っているのだと思いました。
　だから，私はみなさんとこの一年,「徳」ということについて考えていきたいと思います。
　今日の始業式のみなさんの態度はとても立派でした。まっすぐな心が態度に出ていました。これでまた一つ徳を積めましたね。一年間でたくさんの徳を積んでいきましょう。

成功の秘訣

・大切な話です。子どもがしっかり話が聞ける状態で話しましょう。
・教育方針をもとにクラスのルールをつくっていきましょう。
・徳の話は道徳の授業開きにも使えます。

2章 クラスがひとつになる！成功する学級開きアイデア

方針②
共同作業を取り入れた「やる気・元気・根気」

始業式が終わって，教室での最初のお話の中で，クラスの子どもたち全員で一つのことをやり遂げることの素敵さを伝えます。

📝 大事にしてもらいたい言葉をクイズ形式で伝える

　教師が出す言葉の後ろにつく一文字を考えさせます。2つの言葉をカードで黒板に貼り付けていきます。
　まず最初に やる という言葉を，次に 根 という言葉を示していきます。

📝 クラスの子どもたちが協力する初めての活動

　黒板に貼った2つの言葉の横に大きな四角を描き，その中に入る言葉を考えさせます。クラスみんなで考えさせ，あらかじめ机の上に配布しておいたネームプレートを使って，四角の中に入る一文字をつくらせます。
　子どもたちは，初めての友達とも仲良く話し合いながらネームプレートで文字を形づくっていきます。

📝 みんなで協力し合ってできたことをほめる

　クラスみんなのネームプレートを使ってつくり上げたことに対していっぱいほめてあげます。またそういう子どもたちと一緒に一年間過ごすことがで

きる喜びも伝えましょう。最後に，もう一つ言葉があることを伝え，どんな言葉か考えさせます。答えは，元気です。当たったら，そのカードも黒板に貼ります。

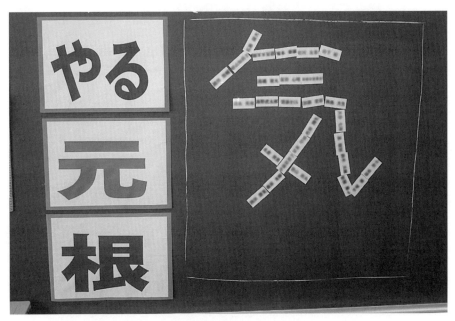

▲カードを使って一文字ずつ提示すると，子どもたちの興味も倍増！

成功の秘訣

・見せる言葉の順番を考えましょう。「元気」はあとで考えさせるのが有効です。
・子どもたちがネームプレートを貼る様子を見て，具体的なよい表れをほめます。

2章 クラスがひとつになる!成功する学級開きアイデア

アイデア① 「メビウスの輪」で驚きやはてなをもたせて

学級開きを成功させる何より大切なことの一つは,「この先生, おもしろそうだ, 楽しく一年間勉強や生活ができそうだ」と思わせること。メビウスの輪を用いて実現します。

 準備は万端に

　一人一人の机の中に広告の紙とセロテープ, はさみを用意し, 教師はポケットにメビウスの輪とはさみを入れておきます。

　教師はポケットから広告紙でつくったメビウスの輪を取り出し,「真ん中で切るとどうなると思いますか?」と尋ねながら, 紙の中心で切り始めます。

　「2つになる」というつぶやきがあります。「他の考えはありませんか」と再度尋ねると「大きな輪になる」と言う子もいるかもしれません。

　挙手により, 全員の考えを聞き人数を数えます。

　「2つの輪になると思う人?」「1つの輪になると思う人?」「わからない人?」「わからないと諦めるのではなく, 今までの経験をもとに考えをもてることがとても大事なことです。考えをもてた人はすばらしいです」と言って, 残りの輪を切ります。1つの繋がった大きな輪ができます。

　「え〜?」というたくさんの声が聞こえてきます。

　「これは手品ではありません。誰でもできることです」

※メビウスの輪…19世紀にメビウスが発見した, 180°ひねって貼り合わせ真ん中で切ると大きな輪になる円環

360度ひねりの輪でも同様に

「ここにもう１つの輪があります。これは真ん中で切るとどうなるでしょうか？」ポケットから紙の輪を出しながら全員の様子を見渡します。

「今度は２つになる」「また１つの輪になる」

また同様に全員に自分の考えを尋ね，人数を調べます。そして，考えがもてた人をほめます。人の真似ではなく，自分で考えることが大切であることも付け加えます。

話しながら２つ目の輪を切っていきます。今度は繋がった２つの輪になります。

「え～！」「ふしぎ～」またまた子どもたちは驚きます。

 自分でやってみる

「では，みんなでやってみましょう！」

自分でやり，輪が２つに分かれてしまう子も出ます。上手くできた子で友達に教えている子もいます。後者の子をほめ，そんな子を増やすと全員ができるようになります。中には，540度ひねりや720度ひねりに挑戦する子も出てきます。「一年間，いろいろなことに驚きやはてなをもち，どうなるか予想し，やっていきましょう」と言って終わります。

　　　　　　　　　　成　功　の　秘　訣

- 教師は事前に練習をしておきます。
- 楽しそうに一見手品のように教師がやって見せます。
- 大きさは新聞の横くらいのサイズ（長さ88㎝×幅５㎝くらい）がやりやすいです。

2章 クラスがひとつになる！成功する学級開きアイデア

アイデア② キャンドルサービスで心をひとつに

> 炎には人を引きつける不思議な力があります。キャンドルサービスを使って幻想的に一年をスタートさせましょう。

📋 クラス人数に合わせて事前準備を

　薄い発砲スチロールの板の裏からろうそくを立てるための釘を刺していきます。釘は全部でクラスの人数プラス1本用意します。釘は3年1組なら31という字になるように，並べて刺します。

📋 炎のリレーで心をつなぐ

　カーテンを閉めるなどし，教室を暗くします。椅子，机を片付け，ろうそく台を囲んで大きな円になるように座ります。子ども一人一人にろうそくを配ります。（火を使うのでふざけることがないようあらかじめ話をしておきます。）教師が自分のろうそくに火をつけ「今から3年1組の明かりをともしましょう。ろうそくの炎を隣の人に回していきましょう」と言い，炎のリレーをします。

📋 心をひとつに

　教師は「一人一人の思いが一つになるように，ろうそく台にろうそくを立

ていきましょう」と言い，自分のろうそくをろうそく台に立てます。そして，子どもが一人ずつろうそく台にろうそくを立てていきます。

 ### 一年の成長を祈る

　「ろうそく台に少し近づいて炎を眺めましょう」「みんなは一人一人が輝いています。その輝きが集まればもっと大きな輝きになります。一人一人が輝いて，クラスがいっそう輝いていける，そういう3年1組にしましょう」「誕生日のときのようにみんなでろうそくを息で消して，一年の成長を祈りましょう。いちにのさん」で全員でろうそくを消します。

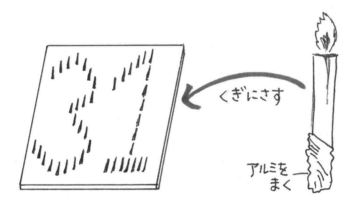

成功の秘訣

・ろうそく台はアルミホイルで覆っておくと安全かつきれいに光ります。
・火を使うので他の先生に事前に連絡をしておきます。
・事前にろうそくがどれだけ保つか，ろうそく台は丈夫かなど安全面は十分確認をしましょう。
・ろうそくを持つときは，手元をアルミホイルで包みましょう。

2章 クラスがひとつになる！成功する学級開きアイデア

アイデア③ くす玉でメッセージを伝えよう

くす玉は華やかな気持ちになりながらも，教師のメッセージを伝えることができるアイテムです。

くす玉を準備する

ざるを２つ用意します。ざるに三本のひもを通します（図１）。ざるを合わせ，ひもＡとひもＢを上で結び合わせます。ひもＣを下に引っ張ることでくす玉が割れる仕掛けになります。

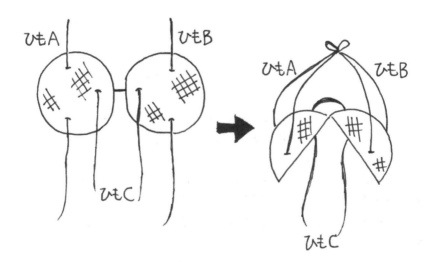

図１：上から見た図　　　図２：組み立てた図

ひもＣの上部に垂れ幕を取り付けます。垂れ幕には教師のこの一年間の願いを書いておきます。（「一致団結」「みんなが笑顔」など。）ひもＣの部分にはクラスの人数分のひもをくくり付け，全員がくす玉を割れるようにします。くす玉の中には紙ふぶきを入れたり，紙テープを貼ったりします。外側も金紙などを張ると見た目がきれいです。くす玉はパーティーグッズ売り場などにあり，何回でも使えるので買っておいてもいいでしょう。

くす玉で学級開き

　「今日出会った仲間たちと出会いの喜びを分かち合うためにくす玉を割りましょう。みんながひもを引き，みんなで協力してくす玉を割り，クラスを開きましょう」

　全員にひもを渡します。「まだだよ，まだだよ」と言いながらわくわくした空気を盛り上げます。

　「みんなが初めて息を合わせて協力するイベントです。３，２，１で引っ張りますよ。では３，２，１」

　くす玉が割れた瞬間，教師が率先して拍手をします。（つられて子どもも拍手をします。）その後，垂れ幕の教師の願いを子どもに説明をします。そしてくす玉割りがみんなの息がそろっていて大成功だったと全員をほめて終わります。

成功の秘訣

・学級納めも同じくす玉を割ろうと話をしてもいいです。
・楽しい気分を演出するＢＧＭを用意してもいいでしょう。
・くす玉がしっかり開くか，垂れ幕が開くか確認をしてから行いましょう。

2章　クラスがひとつになる！成功する学級開きアイデア

アイデア④
一人一人の力を集めてクラスをつくろう！

学級の仲間を理解する上で大切なことは，「みんな違って，みんないい」ということではないでしょうか？　違う力が集まって，一つの大きな力になるということを伝えましょう。

みんなの力を集めよう

①色の違うチョークを，5，6本用意する

　「今日から，みんなは〇年〇組の仲間です。みんなの力を集めてみましょう。一人一つずつ"力"という字を黒板に書いてください」
と言って，チョークを子どもに渡します。最初の子が戸惑っていたら，教師がまず一つ書いてみると，書きやすくなります。
　「書き終わったら，次の子にチョークを渡しましょう」

②子どもたちが書いている間，教師は書いた字をほめる
　「大きくていいね」「力強いね」「堂々としているね」
　書いた字をすべて認めていきます。

違う力を集めて，クラスをつくろう

　「○年○組には，いろんな力をもった子が集まっているね。この力を，足してクラスをつくろう」
と話しながら，「協力」と書きます。
　　・みんな違うから，楽しいこと。
　　・一人一人活躍する場が違うこと。
　　・違う力が一つになると，大きな力になること。
など，「みんな違って，みんないい」ことを伝えます。いろいろな力を集めて，クラスをつくろうと伝えます。

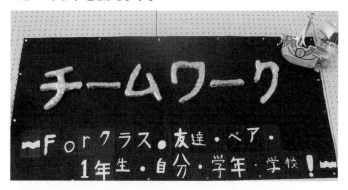
▲学級目標「チームワーク」
班で一文字ずつ担当し，アルミホイルを丸めてつくりました

成功の秘訣

・いろいろな色のチョークを用意しましょう。
・チョークをバトン代わりにして，全員が書きます。
・子どもが書いた字は，全部，ほめます。
・いろいろな力が学級に集まったことを，喜びましょう。
・みんなの力を一つにして，クラスをつくろうと伝えます。

2章 クラスがひとつになる！成功する学級開きアイデア

子どもがつながる！
名札づくり

机の前に貼る名札を子ども自身がつくったものにすると，その子の名前と顔がより一致するので早く名前を覚えることができます。また，子どもたち同士も名前を早く覚えることができます。

📋 机の幅に合わせた画用紙を用意する

　名前ペンで名前を大きく書かせ，まわりを自由に飾らせます。
　色のフェルトペンで花を描いたり星を描いたりしてきれいにします。
　できたら，ラミネートフィルムにはさんでパウチします。
　角は手を切ると危ないので，丸く切らせます。（低学年なら切ってあげましょう。高学年なら自分たちでできます。）

📋 貼る前に「この人は誰でしょう」ゲームを

　できあがった名札を前に出して，教師が「この人は誰でしょう」と言って，ランダムに名札をめくっていきます。
　子どもたちはその人の方を指さします。
　「すごいね。もう名前を覚えたんだね」と言ってほめます。

名札を机の前のところに貼る

　裏側にガムテープを丸くして（両面テープのようにして）２ヶ所で貼ります。（両面テープだと，あとではがすのが大変です。）

成功の秘訣

・一年間飾るので，ていねいに描かせます。
・まわりはその子らしさが出るものです。名前ペンでなくても色フェルトペンでもきれいに仕上がります。

2章 クラスがひとつになる！成功する学級開きアイデア

学級だよりで先生の紹介

学級だよりでの自己紹介は，子どもや保護者との距離を縮め，親近感をもってもらえます。

第1号で自己紹介をしよう

　新学期初日，家に帰って保護者が発する第一声は「今度の先生は，どんな先生だった？」です。担任の人となりを早く知りたい，というのが保護者の本音です。

　そこで出会いの初日には，自己紹介を中心とした学級だより第1号を用意します。プライベートな内容を載せるとより親近感をもってもらえ，家庭訪問の折などに「そうそう，先生。学級だよりに書いてあった○○のことなんだけれど…」と話が弾むことがあります。

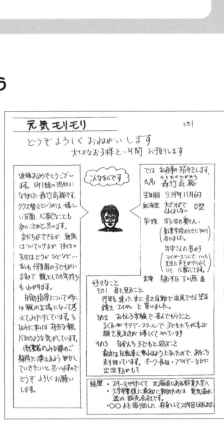

教育方針を伝えよう

　また学級通信は「ルール1　方針を決めよう」に示した教育方針を保護者に伝えるチャンスでもあります。保護者が「今度の先生は，どんな先生だった？」と聞く中には，どのような方針で子どもを指導するのか，という意味も含まれています。

　そこで学級だより第1号では，
　・自分が大切にしていること
　・どんな子に育ってほしいのか，子どもへの願い
　・どんな授業をしていきたいか
について，簡潔に示します。担任の方針が示されることで，保護者は安心して，我が子を預けることができます。

 学級通信版ツイッターでつぶやこう

　おたよりにわざわざ書くことではないのですが，先生の日常生活というものは気になるもの。おたよりの片隅に小さな文字で，休日のこと・ふと思ったことなどをつぶやくと，人気コーナー確実です。そんなふとした日常から，先生の人柄が偲ばれて，理解を深めてくれます。

成功の秘訣

・第1号で自己紹介をしましょう。
・教育方針を伝えます。
・学級通信版ツイッターでつぶやきましょう。

2章 クラスがひとつになる！成功する学級開きアイデア

新しい教科書を じっくり見よう

真新しい教科書をじっくり眺めながら，今年，学習することへの期待を高めます。

 教科書を初日に配らない

　教科書は，始業式の日に配ることが多いのではないでしょうか。初日は他にもやることがたくさんあり，大変慌ただしい中での教科書配布となります。これでは，全員に一冊ずつ配り，名前を書かせるだけで精一杯です。

　無理して初日に配らずに，二日目以降に配るとよいでしょう。初日は，教科書を受け取ったら，配付数に過不足がないかどうかだけを確認します。

 各教科の授業開きで配る

　二日目以降，最初の授業のとき（授業開き）に合わせて教科書を配ります。一番最初に，教科書に名前を書かせます。

　「今年はどんな勉強をするのかな。好きなページを見ていいよ」と声をかけると，子どもたちは思い思いにページをめくります。パラパラとページをめくるうちに，今年学習する内容が目に飛びこんできます。おもしろそうなページ，楽しそうなページを見つけると「これおもしろそう！」と，自然と声が上がります。

「今年は理科室に行って実験をするんだよ。マッチを擦って火をつけます」「自動車工場の見学に行くんだよ」など，子どもの声に合わせて，どんなことをするのか少しだけ説明します。別のページを見ていた子たちも，慌ててそのページを開きます。
　「今年はどんな勉強をするのかな？」と，子どもが期待に胸をふくらませて，教科書を興味津々と眺めるこの時間はいいものです。「おもしろそうだな」「楽しく勉強したいな」といった子どもの思いがひしひしと伝わってきます。

 おもしろそうな勉強を尋ねよう

　ある程度教科書を見たら，もくじを見ながら，どの単元がおもしろそうか手を挙げてもらいます。一人１回などとケチ臭いことは言わず，何度でも手を挙げていいことにします。

成功の秘訣

- 教科書を初日に配らないのがコツ。
- 各教科の授業開きで配り，今年はどんなことを学習するのか眺めて，期待を高めましょう。
- どの勉強がおもしろそうか尋ねてみるとよいでしょう。
- 教科書は遅くてもその週のうちには配り終えましょう。

2章 クラスがひとつになる！成功する学級開きアイデア

男女仲良く クラスみんなで集合写真

男女分け隔てなく，お互いが「ヒト」として，誰とでも仲良く協力できるクラスづくりの起点となるプログラムです。

 でも，いきなり写真をとるのではなく……

①運動場へ出て，男女で協力してできる遊びをします。
②男女で遊びを楽しんだ後，集合写真を撮ります。
③その際，男女交互の背の順に並ばせ，肩を組んで写真を撮ります。

 まずは，運動場に出て男女別背の順に並ばせよう

①背の順に並ばせるといっても，まだ発育測定をしていないため，詳しい身長はお互いわかりません。そこで子どもたち同士で背比べをして背の順で並ばせます。ただし，低学年の子たちの場合は，子どもだけではできないので，教師が目測で背の順に並ばせていきます。また，人数が多すぎて時間がかかりそうな場合は，高学年の子たちでも教師主導で並べてあげてもよいでしょう。
②男女別の背の順に並んだら，背の順で男女ペアをつくっていきます。（あまった場合には，そこは男子同士あるいは女子同士のペアにさせます。）その際，手をつないで前から順に座らせていきます。

③鬼を4組決め（決め方は自由），逃走エリアを告知して手つなぎ増やし鬼を行います。
④ペアを代えて3回戦ほど行います。ペアは，先ほどの背の順を一つ，あるいはいくつかずらして組ませると，混乱しません。

最後に桜を背景に集合写真を撮ろう

①先ほどの男女別背の順で集合させます。
②桜の木を背景に，男女男女…の背の順で一列目，二列目と写真隊形に並ばせていきます。
③一列目は体育座り，二列目は立てひざ，三列目は中腰，四列目は直立させます。
④隣の異性と肩を組ませて写真撮影をして終了です。

成功の秘訣

・男女で手をつながることを嫌がっている場合，「このペア，意識しちゃってるなぁ〜（笑）」「ちょっとかわいいなぁ（笑）」と言います。反対に，すっと手をつないだペアは，「すごいなぁ！」「そうそう，意識しなければすぐに手をつなげるよね」とほめましょう。
・時間があれば，男女ペアで「肩組みボール運びリレー」「背中合わせおんぶリレー」などを組み込んでも盛り上がります。
・写真は，教室の掲示コーナーに一年間掲示し，年度末にジャンケンオークションなどをして子どもたちにあげます。

一人一人の存在が輝く掲示の仕方

このクラスに君は確かにいるんだよ，という子どもの存在を掲示物でもはっきりわかるように位置づけましょう。

♪ どこにどんな掲示をするのか教室のレイアウトを考えよう

担任する学級がわかり，その部屋に最初に足を踏み入れたとき，教室はがらんとしています。ここでどんなドラマが生まれるのか，期待を込めて教室を見渡すことでしょう。

教室は，様々な掲示物があります。学校目標，学級目標，当番表などその数は相当なものです。どこにどんな掲示をすると機能的か，教室レイアウトを考えておきましょう。

♪ 子どもの写真と今年のめあて

年度当初に，一人一人の写真を撮って，今年のめあてを書かせます。これを最初の作品として教室に掲示し，年度初めの参観会で保護者にも見てもらいましょう。自分の子どもが大切にされていることを感じてもらえます。

学習の足跡がわかるポートフォリオ

　クリアーファイルや紙ファイルを使って，授業で使ったプリント類を保管するコーナーをつくります。理科の観察カードや体育のカードなど，学習の度に綴じていきます。
　散逸しやすいプリント類を保管でき，そのまま掲示物となります。何より子どもの学習の足跡がわかるポートフォリオとなります。

 ## 仕事が一目でわかる係のポスター

　どの学級でも係の掲示物をつくることと思います。ちょっとした工夫で，子どもの存在感がアップします。
　まず，係がどんな仕事をするのか一目でわかるように，ポーズをしながらデジカメで撮影します。次に，体育係なら「炎のスポーツ会社」のように名前を工夫します。ポーズを決めた写真を使い，背景を工夫して係の掲示物をつくります。

成功の秘訣

・どこにどんな掲示をするのか教室のレイアウトを考えます。
・子どもの写真と今年のめあてを飾ります。
・学習の足跡がわかるポートフォリオコーナーをつくりましょう。
・仕事が一目でわかる楽しい係のポスターをつくりましょう。

2章 クラスがひとつになる！成功する学級開きアイデア

4月当初に決めるべきこととは？

ベーシックフロー 学級目標を子どもたちと決め，決まったらそれを掲示します。次に学級委員や係活動などの学級のシステムをつくります。「○○係やりました」のように「終了磁石」をつくると教師が指示しなくても動くようなシステムができます。一年間の流れを見通すことが大事です。

❶ 学級目標を決める

　子どもたちの実態を見ながら，5つくらいの学級目標を考えます。
　子どもたち同士で考えるのも一つの方法ですが，やはりそこには学校，学年，そして担任の目標や願いが含まれていなければなりません。
　「子どもたちの思いを大切に」には，子どもを大切にしている姿勢が伝わってきます。
　しかし，子どもたち同士の思いはまだ，ばらばらです。
　だからこそ，「子どもの思いを」つまり「実態を見ながら」，教師が学級目標を考えるのです。

❷ 目標ができたら，掲示する

　掲示の方法もいろいろあります。（『学級力がアップする！教室掲示＆レイアウト　アイデア事典』を参考にしてください。）
　掲示をすることが目標ではなくて，目標を一年間継続して目指すことが目標です。ですから，忘れないように，一週間に一回はみんなで目標を唱和するといいでしょう。

❸ 学級のシステムをつくり，途切れないように動かす

　学級には窓係や黒板係など定番の係があります。また給食や掃除など，一定期間で当番が変わるものがあります。学級の人数と係や当番の人数を合わせたり，誰が何の担当かがすぐにわかる掲示物をつくったりします。

❹ 係活動を毎日停滞しないように工夫する

　係活動については『子どもがいきいき動き出す！　係活動システム＆アイデア事典』（明治図書）を参考にしてください。帰りの会の中に「係の1分仕事」を入れれば，必ず動きます。「やりました」のカードをつくっておけば，確認ができます。
　システムとは時間と場所，物を与えることです。

❺ 一年間の流れの中で見通しをもつ

「見通し」には次のことに気をつけましょう。
①授業の規律……「お願いします，ありがとうございました」の挨拶。学習ノートの使い方，書き方，学習問題の囲み方，など。
②遊びの規律……雨の日の遊びの仕方，教室での過ごし方，運動場での遊びなど。
③生活での規律……廊下の歩き方，給食の配膳の仕方，掃除の仕方，トイレの使い方など。
④教科と行事との兼ね合い……音楽発表会が〇月にあるから，いつまでに歌を決め，ピアノをどうするか決める，図工展があるから，そのための練習をいつやり，何を教材として持ってくるか決める，社会科見学との関係を考えるなど。

2章　クラスがひとつになる！成功する学級開きアイデア

学級目標 ①3ステップで学級目標を決めよう！

「こういうクラスにしていきたい！」「こういう集団になりたい」という学級目標を，3ステップで覚えやすく，短い言葉でつくります。

学級の目標ではあるが，学年・学校目標を意識して

　学級目標を決めるのですが，その上にある学年目標・学校目標を意識しないわけにはいきません。学級目標は，学年目標・学校目標を達成するためにクラスとして取り組むべき明確な目標となっていなければいけません。そこで，子ども主導でつくっている中にも，教師としてはずしてはいけない大きな枠をしっかりともっておくことが大切です。

覚えやすいキーワードにする

　年度の最初に決めたあと，形だけ（言葉だけ）の学級目標にならないように，短く誰もが覚えられる言葉にしておくと，行事や日常生活の中で立ち戻ることができます。

学級目標を決めるときの3ステップ

【ステップ1】
　子どもたちに，学校目標と学年目標を伝えます。その上で，「どんなクラ

スにしていきたいか」ということを出し合い，板書していきます。このときには，絞り込むことはせずに，すべての意見を板書しましょう。
　例）・男女の仲がよいクラス　・外で元気に遊ぶクラス
　　　・時間をしっかりと守るクラス　・たくさん発表ができるクラス
　　　・楽しむときと，しっかりとやるときがはっきりしているクラス
　　　・友達を大切にするクラス　・笑顔いっぱいのクラス　　など

【ステップ２】
　出てきた意見をもとに，自分たちで大切にしたいことをキーワード形式で２つずつ発表します。（８班あれば，８×２で16個のキーワードができます。）
　例）・笑顔　・けじめ　・元気　・全力　・友情　・協力　・自信　など

【ステップ３】
　キーワードから多数決や話し合いでよいものを３つ選び，学級目標とします。
　例）・笑顔　・けじめ　・元気

成功の秘訣

・学級目標については，「こうでなければならない」というものはありません。目の前の子どもたちと担任で「これを目標に一年間がんばろう！」と思えることが一番大切なことです。
・キーワードについては，熟語だけでなく，「やり抜こう」などの呼びかける形式でもよいです。
・学習面に偏ったり，生活面だけの目標にならないよう，バランスに気をつけると，よりよい目標になります。
・教師として，学年目標・学校目標，子どもの実態をとらえて，はずすことことができない大きな枠はもっておくようにします。

2章 クラスがひとつになる！成功する学級開きアイデア

学級目標 ②一年間を貫くキーワードはただひとつ！

子どもたちへの願いをひとつの「キーワード」で表してみましょう。そして，話をするたびに，その「キーワード」を使います。すると，子どもたち自身が「キーワード」を使い始め，クラスがひとつになっていきます。

子どもたちに注ぎたい先生の「願い」を書き出す

願いと共に，子どもの失敗にどんな指導をしていくのか，挙げておきます。

先生の好きな言葉から「キーワード」を探す

例えば，「仲間」「本気」「協力」…。英語だと，「FOR」「TRY」「ピース」…。自然のものだと，「風」「炎」「虹」「心」「星」「太陽」…など。

子どもたちに合う「キーワード」を考える

①先生の「願い」を「キーワード」を使って言い換えていきます。
　例えば，「風」をキーワードにするならば，
　・元気で活発な子どもたちでいてほしい。⇒強い風を吹かせてほしい。
　・友達のがんばりを認めてほしい。⇒友達の風を感じてほしい。
　・一人一人違ったいいところがある。
　　⇒やわらかく気持ちのいい風，背中をおしてくれる風など，風にもいろいろある。

・友達と協力してほしい。⇒友達と同じ方を向き，強い風を吹かせよう。

「キーワード」を使って，学級指導をする

先生の話，子どもへの指導の際には，必ず，ひとつのキーワードに通じるように話を組み立ててみましょう。

▲前面の学級目標掲示にキーワードを入れ，子どもたちの成長と共に，掲示も変化させてみよう。「チームワークの風」など子どもたち自身が認めた新たな風を描きこんでいく。

成功の秘訣

・学級開きで，「一年間，先生が大事にしたいキーワードとそのわけ」を話すことで印象づけます。
・学級だよりのタイトルや学級目標にもキーワードが入ると，効果的です。
・子ども自らキーワードを使うようになったら，学級目標を決める学級会を開いてみましょう。キーワードをもとにした学級目標ができるかもしれません。

学級目標　③学級目標を合い言葉にしよう

> 学級目標を合い言葉にすることで，つくりっぱなしの学級目標ではなく，子どもの心に刻まれる学級目標となります。話を聞く姿勢づくりにも効果があります。

📝 どんな学級にしたいのか子どもの願いを聞く

①「3月になったときにどんな学級になっていたいか考えましょう」
　A5程度の用紙を配り記入させます。このとき「先生は○○な学級にしたいです」と教師の思いも伝えておきます。
②記入された用紙を回収し，書かれている内容ごとに分類します。元気，明るい，笑顔，一生懸命，いじめがないなどのキーワードが挙がります。

📝 学級目標を決める

　分類されたキーワードを板書します。
　「みんなの思いが入った学級目標をつくりましょう。みんなの合い言葉になる学級目標がいいです。忍者の合い言葉『山』『川』のような感じです。黒板のキーワードを参考に考えましょう」
　A5程度の用紙を配り，個人で考えさせ，書けたら班ごとに1つの案に絞り，各班から出された案から全員の投票で1つに選びます。

学級目標を唱和する

①できた学級目標を唱和します。例えば，学級目標が「みんなの笑顔が徳になる」であれば，教師が「みんなの笑顔が」と言うと，子どもが「徳になる」と応えます。この練習をします。

②「先生やリーダーが前で話をするとき，学級目標を言います。その後は，話を聞く姿勢になってください。練習をします。少しざわざわしてください。『みんなの笑顔が』」子ども「徳になる」

　子どもたちは話を聞く体勢をとります。学級全体が騒がしいときに学級目標を言うと静かになります。静かにしましょうと言わなくていいのでスマートです。

成功の秘訣

・目標を決めるときは，「長すぎず唱和しやすいものにしましょう」と言います。
・目標を言っても子どもが聞く姿勢にならないときは，2，3回繰り返しましょう。

2章 クラスがひとつになる！成功する学級開きアイデア

学級目標 ④ちょっとの工夫で掲示がもっと魅力的に！

学級目標の周りに子どもたちが自分の顔を描いたものをよく飾りますが，その顔の色の付け方を一工夫することで，より愛着のある掲示物にすることができます。

鏡で自分の顔を見ながら描かせる

画用紙にフェルトペンで直接描いていきます。子どもに自由に描かせず，描く部分を教師が一つずつ指定し，注意点を説明しながら取り組ませます。また，スピードはカタツムリが進むようにゆっくり描かせます。

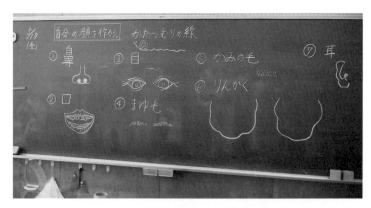

▲板書のように描く順番を決め，少しずつ描かせます
鼻→口→耳→まゆ毛→髪の毛→輪郭→耳
（酒井式描画指導法を参照）

カラー広告を使って色つけを行う

髪の毛や肌などを広告のカラー部分で表現していきます。広告から使えそうな部分を見つけたら，手でちぎり，ステックのりで貼っていきます。絵の具で塗るより時間はかかりますが，色合いがはっきり表現されます。また同じような色にならず，一人一人が違った色で表現することができます。

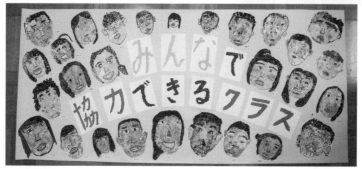

▲顔の肌の色はどの子も何色もの色が混じって深みが出ます

【 成 功 の 秘 訣 】

・カラー広告を使う際には一週間くらい前から準備させておくとよいでしょう。また，新聞を取っていない家庭の子やあまり集められない子のために教師も準備しておきます。
・顔の凹凸を意識させながら貼らせていくとよいです。

幸運の女神さまで何事も意欲的に！

学年が上がって「今年こそは積極的な自分になりたい」と願う子どもは少なくありません。そんな子どもを支え，クラス全体の意欲を高めるためのアイデアです。

♪ ローマ神話「幸運の女神」をモチーフに話をしよう

「今年は学級委員に立候補してみようかな」「チャレンジしてみたいけど，恥ずかしいな」と子どもたちは様々な思いをもって新たな学年を迎えます。その前向きな気持ちを支え，思いを表現しやすくすることも，私たちの役割の一つではないでしょうか。

また，消極的な学年をもった場合でも，クラスを活気づかせるための一つの手立てになります。学級委員や代表委員といった役を決める前日に次の話をしておきます。

　　ローマ神話に「幸運の女神」フォルトゥーナという神がいました。
　この女神は，人々の運命を決めているのだそうです。もし，このフォルトゥーナが目の前を通り抜けるといったチャンスが訪れたら，彼女の前髪をつかまなければなりませんでした。というのも，フォルトゥーナには前髪しかないため，通り過ぎた後を追いかけても，後ろ髪がないのでつかまえることはできないからです。
　つまり，チャレンジするチャンスがあったら，迷うことなく手を挙げよということです。このチャンスを逃して，あとから「手を挙げておけばよかっ

た」と思っても，もうどうしようもありません。少しでもチャレンジする気持ちがあれば，ぜひ挑戦しましょう。挑戦しなければ成功することはありません。また，失敗することすらできません。挑戦し，失敗しても先生とこのクラスの仲間達全員であなたを支えます。

　明日は，この教室に「幸運の女神」が現れます。たくさんの人たちが「幸運の女神」をつかまえるために挑戦してくれることを願っています。

　　　※このお話を広めたのは，レオナルド・ダ・ヴィンチだと言われているそうです。

「幸運の女神」を見える化しよう

　宿題などで「幸運の女神」のイメージを子どもたちに自由に描かせ，クラス全員で一番よいものを選びます。

　選ばれた絵を拡大し，いつでも取り出せるようにしておきます（例えば絵の裏に割り箸をつけてペープサートのように示せるようにしておくなど）。そして，応援団長や代表の言葉といった，立候補することがあるたびにこの「幸運の女神」を登場させ，年間を通してより多くの子が挑戦できるようなクラスにしていきます。

成功の秘訣

- 失敗をしても，先生が必ずフォローする，選んだみんなで立候補した子を助けるということを全員で約束し，安心感を与えましょう。
- 立候補して残念ながら落選してしまった場合でも，チャレンジしたことが尊いことであると伝えます。

2章　クラスがひとつになる！成功する学級開きアイデア

係＆当番活動
定番の係を決めよう

学級づくりの第一歩は，係を決めるところから始まります。定番の係活動でも，少し工夫をすることで，子どもたちが進んで動き出します。

定番の係に権限と責任を与える

　学級には，窓係や予定係など定番の係があります。仕事内容も大抵決まっています。例えば，窓係の仕事は，窓の開け閉めです。このときに「雨の日は，この青いシールまで開けるんだよ」「風が強いときには，窓係がどこまで開けるか決めるんだよ」と係に権限と責任を与えます。自分たちがこの教室の空気調節をしているのだ，という自覚がもてれば，子どもは生き生きと動くようになります。

定番の仕事に工夫を加えることができる

　掲示係の仕事は，学級に配布されたプリントを決められた場所に貼る仕事です。こうした定番の仕事に加えて，掲示コーナーの周りを飾ってよいことにしたらどうでしょうか。
　飾り枠をつけたり，注目を集める見出しをつけたりなど，自分なりの工夫をすることができます。自分の工夫を生かせるときに子どもは生き生きと動き出します。

自分の裁量で仕事ができる

　仕事を任され，自分の裁量で仕事ができると，子どもは生き生きと動きます。例えば，黒板係に「おはよう黒板」を任せます。帰るときに係の子は黒板を消しますが，その後，クラスメートに向けたメッセージを書いておくのです。すると翌朝みんながメッセージを読むことになります。黒板係は，どんなことを書こうか考えながら楽しみながら仕事に取り組むことでしょう。

 ## 小物を使う

　その係にならないと使えない小物を用意すると，仕事に誇りをもつようになります。例えば，予定係には，マイチョークを持たせ，そのチョークで予定黒板に文字を書かせます。「大切に使うんだよ」と記名をして自分の筆箱にしまわせます。

〈具体的な係とその仕事〉
- 学級委員（毎時間の授業の号令，クラス間の連絡，学級の仲間づくり，問題解決，イベントやパーティの相談，その他）
- かぎ（体育館などの特別教室のかぎを取りに行き開ける）
- 整頓（本棚の整頓，音楽ファイルなどの整頓，磁石の整頓など）
- 音楽（先生との連絡，朝の会の歌の指揮，準備）
- 学習（先生との連絡，書写の支度，理科の実験道具用意，ドリル丸付け）
- 体育（準備体操，用具の準備，片付け，チーム決め，ボールの片付け）
- 保健（健康チェック，保健室へのつきそい）
- 黒板（毎時間の黒板消し，チョークの用意）
- 計画予定（計画黒板に予定を書く）
- 配達郵便（印刷室のクラスのボックスに配布物を取りに行く，ノートを配る）
- ゴミ・クリーン（ゴミをまとめて持っていく，雑巾を整頓する）
- 花，生き物（花の水替え，生き物の世話）
- 電気（こまめにスイッチをつけたり消したりする）
- チェック（宿題を出したかどうかチェックする，出さない人に催促する）

成功の秘訣

- 係に権限と責任を与えます。
- 仕事に工夫を加えることができるようにしましょう。
- 自分の裁量で仕事ができる余地をつくりましょう。
- その係にならないと使えない小物を用意しましょう。

2章 クラスがひとつになる！成功する学級開きアイデア

係＆当番活動
一分間のお仕事

子どもたちが帰ったあとの教室は，机がきれいに整頓されていますか。開いている窓がありませんか。一人一役で「一分間のお仕事」を決めておくと，教室がきれいに整った状態でさようならができます。

一人一当番を決める

　窓・電気・黒板・配達など学級生活に欠かせない仕事を一人一当番になるように担当を決めます。この当番は，席替えのときなど適宜交代します。

当番表を掲示する

　クラスの人数分の仕事をつくり，担当を決めたら，名簿を使って表にしておきます。表ができたら見やすい場所に掲示します。

〈一分間のお仕事　一覧表〉

番号	氏　名	仕事	やること
1	秋山　〇〇	教室窓	教室の窓を閉める
2	飯田　〇〇	電気	電気を消す
3	海野　〇〇	廊下窓	廊下の窓を閉める
4	江藤　〇〇	歌	ＣＤを出して，明日の歌の準備をする
5	大川　〇〇	スリッパ	トイレのスリッパの整とんをする
6	加藤　〇〇	配達	ノートなどの配布物を配る
7	木暮　〇〇	黒板	黒板を消す

帰りの会で「一分間のお仕事」をする

　帰りの会では，次の手順で進めます。こうすることで教室が整頓されて，翌日を気持ちよく迎えることができます。
　①帰りの会で当番の合図で，一分間自分の仕事をする。
　②一人一当番の仕事と合わない場合は，ごみ拾いをする。
　　※保健当番（健康観察）など仕事がすでに終わっていたら，教室のごみを拾う。
　③日直はタイマーなどで時間を計る。時間が来たら合図をする。
　④さようならの挨拶。

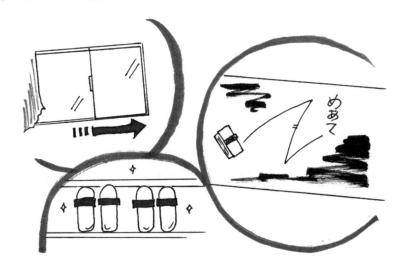

成功の秘訣

・一人に一つずつ当番の仕事を割り当てます。
・誰が何の仕事をしているかわかるように当番表を掲示します。
・帰りの会で手順よく実施します。

2章　クラスがひとつになる！成功する学級開きアイデア

係&当番活動　学級委員を日常的に働かせよう

学級委員を日常的に動かし，学級が少しでも「自治」できれば，学級の団結力が高まります。

授業の挨拶は学級委員がする

　授業の挨拶を「日直当番」でなく「学級委員」にさせます。
　学級委員にさせると，「自分はリーダーなんだ」という意識を常に持たせることができるからです。

①先生が教室に入ってきた瞬間に「起立」と言わせます。
②身体の側線にそって，指先まで伸ばし「お願いします」。お互いの授業を教え合う意味で「お願いします」であって，「始めましょう」の単なる始めの挨拶でないことを教えます。
③終わりの挨拶は「終わりましょう」ではなくてお互い教え合って向上したので「ありがとうございました」と挨拶します。単なる終わりの合図ではないことを説明します。

学級内でトラブルがあったときは学級委員の活躍の場

　学級内で小さないざこざはつきものです。けんかも起こります。
　まず，全員を座らせます。落ち着かせるためです。ここは教師の出番です。

次に学級委員に双方の意見を聞き出させます。
　「途中で口をはさむ子」には「途中で言わないで」と学級委員がかじをとります。双方の意見を聞き，「みんな，どう思いますか」と発言させます。

　大抵はお互いが謝って，解決します。が，どうしても解決しなければ教師が出ます。しかし，「自分たちクラスの問題は自分たちで解決した」という意識をもたせるためには，できるだけぎりぎりまで学級委員にまかせます。こうして「リーダー」を育てていきます。

成功の秘訣

・学級委員を決めるときは人気投票でなく，「どんな学級にしたいか」を言わせてから選挙します。
・「学級委員バッジ」があれば，さらに意識が向上します。
・「おもしろい子」が選ばれるのではなく，「真面目な子」が得をするように学級委員を決めます。(何かあったら学級委員が先！など)

2章 クラスがひとつになる！成功する学級開きアイデア

朝の活動
みんなで毎日　朝の道場

朝から体を動かすと頭がスッキリします。汗もかきますが，気持ちよく1時間目に入っていくことができます。

 初めて子どもたちと出会った一日目の最後に予告する

「明日から『○○先生の朝の道場』を始めま～す」———。子どもたちと出会って一日目の最後に予告します。すると，子どもたちからは決まって「え～?!」「やだぁ～」「先生，毎日なの？」と声が上がります。そこで「そうだよ」と告げます。

「え～?!」「何でぇ～?!」という声が起きたら，以下の意図を伝えます。

・毎日続けるって大切なことだよ。
・みんなで続けると，最後にいい思い出ができるんだよ。
・何より，朝から体を動かすと心も体もスッキリして，脳が働くんだよ。

ただし，ここからはクラスの実態を見ながら教師の裁量でよいでしょう。例えば「やりたい人だけ」「明日は1～3班は全員参加」など，だんだん参加者を増やしていく方法もよいです。

道場のメニューは，季節・期間を区切っていろいろと

　せっかく行うのですから，行事や学習などと関連させて行うとよいでしょう。以下はメニューの例です。

月	道場名	メニュー	関連行事など
4〜5月	スプリント道場	・鬼ごっこ，短距離走練習 ・リレーバトンパス練習	運動会
6〜7月	ドッジボール道場	・ボール投げ練習 ・ボールキャッチ練習	学年ドッジボール大会
9〜10月	体力テスト道場	・各種体力テストの種目練習（曜日ごと）	体力テスト
11〜12月	持久走道場	・毎日10周ずつ走る	持久走記録会
1〜2月	長縄道場	・チームに分かれて長縄の練習	全校長縄大会
3月	一年間ありがとう道場	・学級委員を中心に曜日ごと，みんなで遊びたい種目を決めて行う	クラスじまい 修了式，卒業式

成功の秘訣

・始業前に行わせるので，安全面に配慮することを考えれば教師も同行するとよいでしょう。教師が外へ出なければ子どもたちはいずれヤル気を失っていきます。メニューの指示を出したり，あるいは中に入って一緒に活動したりと，子どもたちの様子を教師が直に見届けることで普段はあまり見られない子どもたちのがんばりや気持ちに気づくことができます。

2章 クラスがひとつになる！成功する学級開きアイデア

朝の会＆帰りの会
いつでも話せる！「突然のスピーチ」

スピーチの準備はいりません。子どもに突然テーマを与え，そのときの思いをスピーチさせてみましょう。いつでも話せる雰囲気をクラスにつくりましょう。

 事前に「突然のスピーチ」の説明をしておく

朝の会や授業中に「突然のスピーチ」をするときがあることを伝えます。テーマはそのとき知らされ，スピーチの内容もそのときに考えること，スピーチをするときは，メモを書いたり読んだりはできないことを説明しておきます。いつでも話せる自分を目指す取り組みです。

 朝の会で「突然のスピーチ」を行う

テーマくじを10種以上，出席番号のくじを人数分，箱の中に入れておきます。当番がくじを引きます。呼ばれた子はスピーチ台に乗って話します。
〈テーマ例〉
・○組のいいところはどこか。これから伸ばしたいところはどこか。
・今，がんばっている委員会はどの委員会だと思うか。どうしてそう思うか。
・最近の授業でおもしろかったことは何か。どうしてそう思うのか。
・このクラスはどんなときに活躍できると思うか。どうしてそう思うのか。
・今の自分が一番がんばっているところは何か。どうしてそう思うのか。

帰りの会では，3種類の方法を選んであいさつをする

　最終授業時間の終わりに，あいさつくじを当番が引きます。くじは，「ひとりでパワフル（コンテナに乗って，個人で大きな声であいさつする）」「班で協力（声をそろえて，班員と）」「みんなで爆発（クラスみんなと）」の3種です。帰りの準備ができた子や班からあいさつをして帰ることができるルールだと，一人や班のあいさつが選ばれると，盛り上がります。

 ## 授業に生かすなら，「突然の自由討論」

　授業の最初にテーマを与えます。教室の中心に机を向けて，スピーチできる子から立って，話します。次に話したい子は立って待ち，お互い譲り合いながら自由にスピーチをします。例えば，「運動会で自分とみんなが一番輝いたところとそのわけは」など，全員の共通体験があるものがよいでしょう。

　原稿がなくても話せる子，発言の譲り合いができる子，結論から話し理由を必ずつける子，そして，なにより，学級の友達に見守られ，安心して発言をすることができる雰囲気が生まれてきます。

成功の秘訣

- スピーチをする友達を見守る雰囲気をつくりましょう。それには，じっくり待つことが必要です。スピーチの後の拍手が効果的です。
- 朝の「突然のスピーチ」では，クラスのよいところやもう少しのところ，自分のことについて，わけを添えてスピーチさせます。
- 「突然の自由討論」は，クラスのみんなのがんばりを認め合うテーマを与えます。教師は，全員の発言を名簿にメモをし，学級だよりで紹介すると子どもたちやクラスの成長を保護者とも共感し合うことができます。

2章 クラスがひとつになる！成功する学級開きアイデア

掃除・給食
分担制で責任感アップ！

子どもの仕事を完全に分担すると，メリットがたくさん！ 子どもは，やることがわかり安心し，やる気＆責任感アップ。教師は，見届けることが明確になり，称賛・指導がしやすくなります。

掃除場所をすべて把握する

　４月の職員会議で学年・学級の掃除分担が提案されたら，掃除場所を見に行き，掃除風景をイメージしましょう。確認するところは，必要な人数，掃除道具の種類と数，特別教室の特別な掃除の仕方，特に汚れそうなところはどこか，ろう下などの範囲はどこからどこまでか…など，具体的に考えます。

掃除分担表の作成

　一人一仕事になるように分担します。誰がどこの何を，どんな道具を使って，どこからどこまで掃除するのか，また，水や洗剤を使う曜日，協力して行う部分を明確に記します。掃除リーダーは誰か，掃除の順番①②…，どちら側の窓なのか，金曜日だけ重点をおいて掃除をしてもらうところなど，細かく分担しておくといつもきれいな教室を維持できます。学級の実態に合わせて，机・椅子のネジをしめる子，整頓する子など取り入れていくといいです。

図書室 絵本室	T字ぼうき（図書室）（リーダー） ①すみまではく ②本の整とん	あかり	教室 1 ろうかから 1・2列目を運ぶ ※金曜日のみ，テレビ台，オルガンを移動して，下をふく 7・8列協力	教室リーダー（T字ぼうき） ①すみまではく ②みんな机を運んでいるときもごみがいかないようにはく	誠一
	T字ぼうき（図書室） ①すみまではく ②本の整とん	伊織		黒板①前後黒板のチョーク受けの粉 ②後ろロッカー上をふいて整とん ③黒板ふく（金）	創哉
	T字ぼうき（絵本室） ①すみまではく ②本の整とん	英治		レール ①教室前　後ろのレールをきれいに ②机を運ぶ	太輔
	水ぶき ①テーブル，机の上 ②入口の戸のレールなど ③先生からお願いされたこと	海人		からぶき　①床をふく 　　　　　②机を運ぶ	智香
	水ぶき（図書室） ①テーブル，机の上 ②入口の戸のレールなど ③先生からお願いされたこと	亮平		からぶき　①床をふく 　　　　　②机を運ぶ	みき
トイレ （水曜日は水を流す）	（リーダー） （男）①入口床のほうき　ホース 　　　②水道	健太	教室 2 ろうかから 3・4列目を運ぶ ※金曜日のみ，テレビ台，オルガンを移動して，下をふく 7・8列協力	T字ぼうき（リーダー） ①すみまではく ②机を運ぶ	透
	（男）①トイレほうき 　　　②デッキブラシ 　　　③便器水ぶき	康一郎		調整①いす机　ネジをしめる　高さ調整 　　　1日2列　12→34→56→78→910 　　②机を運ぶ	直人
	（リーダー） （女）①入口床のほうき　ホース 　　　②水道	沙奈		教室すみ ①すみの床ひとマスを一周 ②机を運ぶ ③金曜　テレビオルガンの下水ぶき	範則
	（女）①トイレほうき 　　　②デッキブラシ 　　　③便器水ぶき	静		からぶき　①床をふく 　　　　　②机を運ぶ	はるか
	水道　入口床のほうき　ホース	進		からぶき　①床をふく 　　　　　②机を運ぶ	博子

 給食分担表の作成

　昨年度，子どもたちがどんな分担で行っていたのか子どもたちから聞いておきます。子どもたちの習慣を生かしつつ，先生の考えを注ぎながらつくりましょう。定番のものの他に，リーダー，当番の健康チェック，あいさつ，お茶，ジャム，ストロー，ごみ袋をつける，ごみ袋をしばって持っていく，牛乳パックの整理，おたまをふく，配膳台の準備・片づけなども書き入れます。

成　功　の　秘　訣

- 子どもたちに，昨年度までどんな分担でやってきたのか，しっかり聞いておきましょう。一方的な押し付けにならないように。
- 仕事を均等に分担することで，どの仕事もやりがいをもって取り組めます。楽な仕事を探す雰囲気をつくらない工夫です。
- 教室の掃除など子どもたちがあまりやりたがらない仕事については，人数に余裕をもたせ，机運びの負担を軽減させたり，掃きやすいT字ぼうきの使用を許し，一番早く終わる掃除分担となるよう配慮をしましょう。

2章　クラスがひとつになる！成功する学級開きアイデア

掃除
自然に静かに上手な掃除

> 段階を踏んで，最終的には自然に「一言もしゃべらないで」「時間いっぱい最後まで」「きちんときれいに」掃除ができるようにします。

一年間を3等分して，ある程度均等に段階を進めていきます。

第1段階：一言もしゃべらせない

　まずは，掃除時間中に「ありがとう」「ごめんなさい」「あぶない」以外は一言もしゃべらせないことを徹底しましょう。（3つの段階ではこれが最も重要で，これをクリアすれば，残りの2つはスムーズにいきます。）
　子どもたちがしゃべりたい内容は以下のようなものです。
・使いたい掃除道具が見つからない。または，他の子が使っていて借りたい。
・真剣に掃除に取り組んでいない子がいるので注意したい。
・具体的な掃除場所や掃除内容がわからない。
・同じ掃除場所の他の子が欠席していて人数が少ないので，掃除が掃除時間内に終わりそうにない。
・急な委員会活動などで掃除場所を抜けなければならない。
・自分や他の子がけがをした。
・落とし物を拾った。

　けがについては，命にかかわるような場合や，そうでなくてもひどい状態

は例外です。とにかく，どんな理由があるにせよ，掃除時間中は一言もしゃべらないようにさせます。基本，教師もしゃべりません。そして，掃除が終わったら毎回，教師も参加して，全体や掃除場所ごとでの振り返りを行い，不満を話したり改善方法を見つけたりさせましょう。

第2段階：時間いっぱいできることを

　次の段階は「一言もしゃべらないで，最後まで時間いっぱい」掃除です。慣れてくると，規定の掃除内容が早く終わり，余った時間に掃除が不十分だった箇所や他の掃除内容を自分で探し，掃除するようになります。

第3段階：きちんときれいに

　そして，最終段階は，「一言もしゃべらないで，時間いっぱい最後まで，きちんときれいに」掃除です。隅々まできれいに掃除ができるようになります。

成功の秘訣

- 毎回の掃除後の振り返りで，決めた段階まで達成できたと自他共に認められたら，個人の掃除シートのようなものに○を付けてあげたり，○が10個貯まったらシールを貼ってあげたりすると，子どもたちのやる気がアップします。
- 掃除道具の使い方や各掃除場所の掃除の仕方・流れを，第1段階より前に十分指導し，共通理解を図っておくと，段階の取り組みにのみ気を配れます。所属校によっては，校内・全学年が統一した掃除の仕方で行うことになっている場合があるので，特に事前指導は大事です。

2章 クラスがひとつになる！成功する学級開きアイデア

給食 時間管理でバッチリ！給食準備①

給食は時間との戦いです。子どもたちは4時間目の授業が終わりホッとして，なかなか準備に取りかかりません。時間を意識させながら，配膳や準備をするための工夫です。

📋 4時間目のあいさつは白衣を持って「終わりましょう」

4時間目のあいさつは，白衣を持たせた状態で行います。手に白衣を持っていれば，次にやることが明確で，余分な遊びを防ぐことができます。

📋 出発するまでの時間を計ろう

給食指導は，給食当番が出発するまでの時間をいかに短くするかがポイントです。ストップウォッチを用意して，「終わりましょう」のあいさつから何分で出発できるかを測ります。出発が5分以内なら合格とします。

📋 「いただきます」までの時間を短縮する

給食当番が給食着を着たり手を洗ったりする時間を短縮しましょう。時間で区切るといいです。「何分間で」「何時何分までに」廊下に並ぶなどと決めるとよいでしょう。

次に，配膳の時間を短縮しましょう。「全員が配膳されなければ給食は食べられない」ということはどの子も理解しています。教師が子どもたちに声

をかけて，みんなで配膳するという意識を強めてあげるとよいです。準備が早く終わります。

時計の周りに時間のめやすを示す

時計の周りに「いただきます」「ごちそうさま」の目印をつけます。給食当番は「いただきます」までに配膳を終わらせること，食べているときは「ごちそうさま」までに食べ終わるよう呼びかけます。

成功の秘訣

- 給食を食べる時間は，約20分間ほどです。終了時刻の変更はできないことをあらかじめ子どもたちに伝え，開始時間を守る（早める）ことで，給食時間が充実することを共通理解させましょう。食べる時間の確保がポイントです。
- 4時間目の終了を少し早くし，時間の確保をします。決して授業を延長しないようにしましょう。

2章　クラスがひとつになる！成功する学級開きアイデア

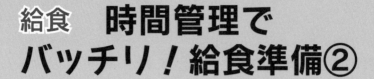

給食　時間管理でバッチリ！給食準備②

給食は時間との戦いです。給食当番が戻ってきてからも時間のロスを減らし，子どもたちが安心して食事ができる時間を確保しましょう。

配り始めは，教師が見届けをする

　カレーなど個数が決まっていないおかずを取り分けるときには，適当な量を取り分けているか，教師が見届けをします。

　一度配膳した後に「カレーが足りなくなったので，多い人は持ってきてください」などと呼びかけるのは，時間のロスが大きいです。適切な分量が配られているか，確かめましょう。

季節によって配膳の量や方法を変える

　暑さ寒さで食欲は変わります。そこで，一人前の配膳の量や方法を変えていきましょう。

　配膳されたものを残すというのはあまりいいことではありません。食べ残しをなくす工夫が，結局，時間内に食べ終われることにつながります。

「いただきます」のあいさつは「パンパン　パ　パ　パン」

　いただきますのときに「手を合わせてください」「パン（拍手）」とあいさつします。このときに拍手は一回だけでなく，たくさんやってみましょう。「手を合わせてください」の声かけに合わせて「パンパン　パ　パ　パン」など，リズムをつけて拍手しましょう。
　とても景気がよくて，活気が生まれます。
　席を離れている子，しゃべっている子も，あわてて席に座ります。思わず合いの手が入ることもあります。
　あいさつの後，教室が一瞬ピッと締まるので「時間までに食べましょう」と声をかけます。

 ## 残り5分は前を向いて食べる

　給食を班ごとに楽しく食べるのはいいのですが，ついつい話に夢中になりがちです。
　そこで残り5分になったら，全員席を前向きにします。おしゃべりをしないで食べることに集中することができます。

成功の秘訣

・給食はあくまでも指導の一環です。目と心を配り，子どもが安心して食べられる環境をつくりましょう。
・子どもにとって給食は一番の楽しみと言っても過言ではありません。時間超過しないための工夫が，物理的に集中できる隊形にすることです。

2章　クラスがひとつになる！成功する学級開きアイデア

給食

みんな納得！
給食おかわりルール

たくさん食べられる子もそうでない子も給食の中には好きな物があるはずです。そんな子どもたちが好きな物をおかわりできるようなルールを考えてみました。

残ったおかずやごはんは教師が配る

　残ったおかずやごはんについては，食べたい子に教師が分けるようにします。残ったおかずを食べたい子全員に分けるようにするために，残ったおかずの量を配分できるのが教師だからです。食べたい子に好きなようにおかわりさせると，好きな物だけ入れたり，後の人のことを考えずに盛ったりすることがあるからです。

おかわりの順番は班ごとで呼ぶ

　おかわりは班ごとに取りに来させます。1班と最初に呼んだら，その後，2班，3班，4班…と続きます。もちろん食べたい子だけ来させるわけですが，給食の時間は意外と短いです。したがって，最初から並ばせるのではなく，教師が呼んでいきます。前の班が終わりそうなときに次の班を呼びます。そうすることで，少しでも子どもたちが食べる時間を確保するわけです。

日替わりでスライドさせる

　呼ぶ順番は日替わりでスライドしていきます。月曜日に1班が最初だったら，火曜日は2班が，水曜日は3班が一番最初にもらうようにさせます。
　また，給食のあいさつをする当番に，食べ終える時間と一番におかわりをする班を伝えるようにさせると，スムーズにおかわりができるようになります。

 ### おかわりしたおかずについては全部食べさせる

　給食を全部食べてからおかわりするという方法だと，おかわりするメンバーが決まってしまいがちです。給食をいつも残すような小食の子でも，大好きなおかずが出ることで給食を楽しみにしている日もあるでしょう。そういう子にもおかわりさせてあげたいというのがこのルールの根底にあります。

 ### 栄養指導をすることで偏食しないようにさせる

　いつも残してしまう子どもだからといって，そういう子どももおかわりができないのでは，その子にとって給食は苦痛だけの時間になってしまうかもしれません。だから，好きな物についてはおかわりする機会をつくり，楽しく食事をさせます。その中で，栄養指導を取り入れていくことで，少しずつでも偏食がなくなればいいと考えましょう。

成功の秘訣

- 教師はおかわりする班が一巡できる程度に分け与えられるように，分ける配分を考えます。
- 一番におかわりする班を告げるのを当番の仕事の一つにしておきます。

2章　クラスがひとつになる！成功する学級開きアイデア

授業づくり
座席レイアウトを教えよう！

子どもたちに座席レイアウトを教えると，クラスに，授業に変化が生まれます。

まずは前向きレイアウトで

　学級開きのときには，教師が早く子どもたちの名前を覚えることを目的に，子どもたちが全員前を向く，前向きレイアウトにします。30人のクラスであれば，6列にして，2列ずつはつなぎます。そして出席番号順に座席を決めていきます。
　出席番号の1番の子が，廊下側の一番前にします。その後ろに2番，3番と続けて5番までとします。次の列は出席番号の6番からということになります。この座席の決め方は，年度当初多い文書の提出にも威力を発揮します。一番後ろの子に，「自分の手紙を下にしてその上に手紙を重ねてきてね」と話しておけば，番号順に揃えるのも簡単です。
　学級開き当初は子どもたちのこともよくわかりませんから，とにかく顔と名前を一致することを心がけることが一番です。他にも次のレイアウトが考えられます。

グループレイアウト

　グループで向き合うレイアウトです。給食のときはもちろん，話し合いでも

このレイアウトが有効です。子どもたち同士が協力し合う姿勢が生まれます。

 ## コの字型レイアウト

　コの字にすることで子どもたち同士が顔をよく見ることができます。話し合い活動のときに有効です。

 ## テストレイアウト

　テストのときには一人でじっくり取り組めるように全員が外の窓の方を向くレイアウトです。前向きレイアウトは隣との距離が近いのでこのレイアウトにして机と机の間をなるべく多く取ります。

　子どもたちにとってはずっと同じ向きよりは，時間によって向きが変わる方が行動にリズムが出ます。じっとしているのが苦手な子にも受け入れられます。
　また，テストレイアウトを教えておくと，テストになると自分たちでそのレイアウトにして待つようになります。

成功の秘訣

- 新学期は，とにかく出席番号順で並ばせ子どもたちの名前を覚えましょう。
- 名前を覚えてから席替えをすることをおすすめします。1ヶ月位で名前と子どもたち一人一人の性格や特徴を把握できます。
- 何回か机の並べ方の練習をすると子どもたちもすぐに覚えます。短時間で移動できるようになります。

2章　クラスがひとつになる！成功する学級開きアイデア

授業づくり
「教室はまちがうところだ」で授業開き

「教室はまちがうところだ」（子どもの未来社・蒔田晋治）という詩があります。読むと何だか勇気が出そうな気になります。この詩を使って、子どもたちを勇気づける授業開きをしましょう。

教室は何をするところでしょう？

黒板に「教室は○○するところだ」と書き、「教室は何をするところでしょう？」と尋ねると、圧倒的多数で「勉強」と予想します。そこで詩の11行目までを示し「○○には、どれも同じような似ている言葉が入ります」とヒントを出します。

子どもたちは、当てずっぽうにいろいろと予想をします。「友達をつくる」「挑戦する」「失恋する」「失敗する」…。

なかなか正解が見つからない中で、最後には「まちがい」と言う言葉が見つかります。

詩を最後まで読もう

正解がわかったら、詩を最後まで読み聞かせます。改めて黒板を見させて、「もう一度黒板を見渡してごらん。最初は全然わからなかった詩の題名もみんなで『ああじゃないか』『こうじゃないか』と言っていたらわかったよね。この詩とまったく同じことを今、君たちはしたんです。みんなが安心して手を挙げて、間違うことができるクラスにしていきたいね」と子どもたちに願

いを語ります。

 お気に入りを見つけよう

　プリントにも詩を印刷して配布します。「教室はまちがうところだ」の詩で気に入ったところに線を引き，この勉強をしての感想を書いてもらいます。子どもたちは「まちがえてもいいことがわかりました」「まちがえてもいいとわかって，安心しました」といった感想をもつことでしょう。

教室は○○だ　　　蒔田晋治	
教室は○○だ	○○意見も　○○答えも
みんながどしどし手をあげて	ああじゃないか　こうじゃないかと
○○意見を言おうじゃないか	みんなで出しあい　言いあう中で
○○答えを言おうじゃないか	ほんとのものを見つけていくのだ
○○をおそれちゃいけない	そしてみんなでのびていくのだ
○○を笑っちゃいけない	

成功の秘訣

- 詩の内容と同じように，間違えることを恐れずに，「ああじゃないか」「こうじゃないか」とみんなで出し合い言い合う中で，正しい答えを見つけさせましょう。
- 授業後も詩を教室に掲示して，折に触れて間違えることの大切さや意味を確認させましょう。

2章 クラスがひとつになる！成功する学級開きアイデア

「いい目いい耳いい心」を合い言葉に

「いい目，いい耳，いい心」という合い言葉を授業の基本にすえると，子ども自身がこの三つのできている子を探すようになります。

いい目，いい耳，いい心を合い言葉にする

　授業で生徒指導を行うための基本です。
　この合い言葉を授業の基本にすえると，この三つのできている子を探すようになります。その子をほめるようにすると授業がしまり，全員に集中力がついてくるようになります。

いい目ってどんな目ですか？

　子どもたちに問います。すると「話している方を向いている目」「真剣な目」「頷いている目」などが出てきます。

いい耳ってどんな耳ですか？

　同じように聞くと「しっかり聞いている耳」「話をしないで聞く耳」など，意味はすぐに出てきます。

「聞く」⇒「聴く」⇒「訊く」

しっかり聞いていると，耳と目と心で聴くようになること，そしてもっとよく聴いていると訊ねたくなる（質問や疑問も出てくる）ことを伝えます。

 ## いい心ってどんな心ですか？

「優しい心」「けんかしない仲良しの心」「思いやりの心」などが出ます。
「学級開き」の始めに話すと一年間の方針にもなります。

 ## いい目，いい耳，いい心を「見える化」する

写真のような「見える化」したイラストを教室内に貼るのも効果的です。折に触れて，子どもたちが見ることができるからです。

「今，みんないい目してるね。先生，話していてみんなが聴いてくれるから気持ちいい。話しやすい。おしゃべりしてると，話しにくいよね」

授業の中で常にこの合い言葉を意識することが大切です。

成功の秘訣

- 学年や全校の取り組みとすると授業や生徒指導が落ち着いてきます。
- どの教室にも「いい目，いい耳，いい心」を貼っておくとよりいっそう意識します。

2章 クラスがひとつになる！成功する学級開きアイデア

授業づくり　どの子も活躍！バリエーションのある参観授業

> 楽しくどの子も活躍している授業を行い，保護者を安心させましょう。

何はなくても，教師の笑顔

　4月はじめの第1回の授業参観会は，保護者はとても期待しています。我が子の授業への参加態度や，新しい先生の態度，言葉遣いなどに注目しています。また，我が子への接し方，笑顔で授業をしているかということも，見ています。

　また，子どもは，保護者が授業参観に来ると，俄然張り切ります。ときには，張り切りすぎます。そして，脱線することもあります。そのようなときも，温かく受け入れることが大切です。

　どの子も活躍できる，またときには笑いが起きる授業が，保護者にとっても，子どもたちにとってもよい印象を与えるものです。

どんな授業でも，簡単な問題から

　どの子も活躍，発言できる授業にするために，クイズを入れたり，友達と一緒に考えたり，いろいろな授業形態の要素を組み入れましょう。

おすすめの授業の流れ

　国語であれば，漢字の学習を行うときには，例えば漢字を書く，筆順を空書きする，漢字を読む，一人で読む（指名），全員で読む，漢字を使ったゲームを行う等の流れで行います。

　算数であれば，フラッシュカードを授業のはじめに行う，全員で答えを言う，指名して答えを言わせる，黒板に問題文を書く，問題を解く，黒板に答えを書かせる，などのことを繰り返し行います。

　いずれの場合も，子どもがあきないよう細かく活動を設定すると共に，参観する保護者を意識して動きのある活動を取り入れましょう。

成功の秘訣

・授業のはじめは，どの子にもわかる簡単な問題から始めます。
・たくさんの子どもたちに発言させましょう。
・教師がわざと間違えるなど，笑いが起きるように心がけましょう。
・何はなくても，教師は笑顔と心がけましょう。
・話し合いの授業も大切ですが，体を動かし，作業のあるテンポのよい授業を心がけましょう。

2章 クラスがひとつになる！成功する学級開きアイデア

授業づくり
授業は鼓型（つづみがた）を目指そう！

「鼓（つづみ）」の形。つまり授業をオープンエンドで終われば，授業と授業につながりをもたせることができます。

📋 授業は学習問題から入る

授業のスタイルは人により様々ですが，単元の目標は同じです。
学級開き直後は，その先生のスタイルを定着させる時期でもあります。

例えば理科であれば，「学習問題」が生まれるのを待ちます。
つまり「遊ばせる」のです。「遊び」の中から子どもたちは「問題を見つけて」きます。「遊び」という「体験」が「学習問題」に変化するのです。

① 「遊び」という「体験」から「発見」し，それが「学習問題」に高まります。
② 「どういう実験をしたら問題の答えが出せるだろう」と「実験」を考えさせます。ここが教師の出番です。「楽しい授業」が何より先行します。
③ 「実験」は教科書に載っているのをやってもいいですし，その他に自分で考えてもいいでしょう。「記録」（書くこと）の大切さを教えます。ノート指導です。
④ 実験の「結果」から考えられること，つまり「考察」を考えます。こうして「法則性」を見つけていきます。

授業が途中で終わってもOK！

　授業が途中で終わる，つまりオープンエンドになると，子どもたちは答えを知りたいので調べてきます。
　ここに「自主的な学習」が成立します。授業と授業がつながるのです。家に帰ってからも，もっと調べたいことが出てくるでしょう。
　学習問題から実験，解決，結果，考察，さらなる疑問……これが「鼓型（つづみ）」の授業です。

国語や社会の授業も同じやり方で

　「体験」を重視すると，そこには「楽しさ」があります。
　国語の教材「森へ」（6年）の授業では，実際にプールでカヌーに乗ったり，社会の「縄文弥生時代」では，「縄文人」「弥生人」になりきって衣食住をつくったりしました。そこから疑問が生まれます。学習問題です。
　ただし，国語の場合は本文に必ず戻ります。楽しい「体験」が文の理解を助けます。

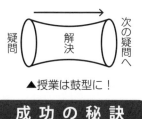

▲授業は鼓型に！

成功の秘訣

- 「体験」が「はいまわる」と言われることもありますが，目的意識をもって「はいまわる」のはかまいません。子どもたちが「体験」する中で「学んでいる」ことを定着させるのは，教師の仕事です。
- 「楽しい授業」は「知識」として必ず心に残り，定着します。

2章 クラスがひとつになる！成功する学級開きアイデア

授業づくり
発表が生き生きする ちょっとした工夫

授業で子どもたちが発表することは，なくてはならないものです。発表が生き生きすると授業に活気が生まれます。生き生きした発表にはちょっとした工夫が必要です。

指名されたら必ず「はい」と言わせる

子どもたちの発言を元気よくするためには，指名したら必ず「はい」と言わせることです。声を出させることで，やる気を出させます。

発表の仕方1：基本型

・ぼく・わたしは○○の意見です。理由は○○だからです。
・○○さんにつなげます。
など，まずは話し方の型を教えます。

※参考『学級力がアップする！教室掲示＆レイアウト　アイデア事典』

発表の仕方2：といかけ型

子ども同士が関われるような発言の仕方もあります。
例えば，「ごんは，ひとりぼっちですね」や「学校のまわりは田んぼがいっぱいですよね」など，発言の最後に「ね」（終助詞）をつけるのです。
最後の「ね」によって相手に呼びかけるような発言になります。聞いてい

る子どもたちも発言をした子に対して「はい」と返事をします。
　「はい」と答えるためには、発表する子の発言をしっかり聞いていなければなりませんし、「はい」と答えることで授業に参加している気持ちにもなります。
　発言の中に「ね」が多すぎると聞いている子が「はい」ばかり言うことになってしまうこともありますが、授業が活気づくことは間違いありません。
　授業開きの時期だからこそおすすめの型です。

成功の秘訣

- クラスの中には、必ず大きな声でしっかりと発言できる子がいます。まずは、このような子どもたちの発言の仕方をほめ、教えていくことが大切です。
- まわりの子が発言をしている子に対して「はい」「わかりました」などの言葉を返してあげたときは、すぐにほめると効果的です。声が小さなときは、もう一度発言させることもあります。

2章 クラスがひとつになる！成功する学級開きアイデア

授業づくり
子どもを静かにさせるコツ

落ち着いて活動ができたり静かに話が聞くことができる学級は崩れることもなく，学力も高くなります。4月に体制をつくりましょう。

視覚に訴えるサイレントタイム

　読書の時間，掃除，算数の計算をしているときなど，私語をなくして集中したいとき，右の図を黒板に提示します。視覚支援があることで静かにすることがわかりやすく，子どもに伝わります。

騒がしい状態を静かにさせる

①ベルなどを使います。ベルがなったら静かにします，という約束をしておきます。

②学級目標を言います（80ページ参照）。一回で静かにならないときは静かになるまで繰り返しましょう。

それでもしゃべっている子どもがいるときは…

「いましゃべっている人は，手を挙げます。1分間手を挙げていなさい」

だいたいこの言葉で静かになります。誰がしゃべっているか特定されるからです。

子どもの中にはなぜ静かにしなければいけないのかわからない子がいます。「しゃべっていると，先生の話が聞こえないから」や「みんなが集中して授業に取り組めないから」などの理由をクラス全体にあらかじめ話しておきましょう。

成功の秘訣

・音楽の授業の練習中に静かにさせたいときは，ホイッスルを吹いてもいいでしょう。

・手を挙げてもまだ話してしまう子どもは両手を挙げなさい，立ちなさいなどと言います。それでも聞かない場合は話してしまう原因がありますから，他の先生と話し合い，対策を立てましょう。

2章 クラスがひとつになる！成功する学級開きアイデア

授業づくり
板書はシンプルに

板書は教科によって決まり事を決めておきます。すると，ノートがきれいになってきます。

 教科による決まり事

①共通の決まり事
・日付を書きます。4月25日（4／25）であれば，「よん，スラッシュ，にじゅうご」と言うと，子どもたちはスラッシュという言葉にどういうわけか反応して定着します。
・単元名を書きます。（「一つの花」「電気の通り道」など）

②国語
・「学習課題」を青で囲みます。（赤は色盲の子が見えないため）
　「～しましょう」「～でしょうか」など，教師側の投げかけが「学習課題」です。この1時間で何をやるかがわかるように書きます。
| お父さんの気持ちがわかるようになろう。（一つの花） |
・「学習問題」（子どもたちから課題を話し合っているうちに生まれてきた共通の疑問，追求すべきもの，クラスみんなで話し合いに値する問題）を書き，白い枠で囲みます。
| なぜ，何も言わないで列車に乗ってしまったのだろうか。（一つの花） |

③算数

　基本的には国語と同様ですが，練習問題をたくさん板書します。
　算数用語（「垂直」「平行」など）は「太く大きく板書」します。

④理科

　これも基本的には国語と同様ですが，科学なので，追求の過程の通りに板書します。一目で授業の流れがわかるようにしましょう。
　「予想」「実験１」「実験２」「結果」「考察」（結果から言えること）「まとめ」（以上のことから導かれる法則）の順に板書します。

⑤社会

　社会では体験を重要視します。「学習課題」「調査すること」「見学の計画」「見学の実際」「見たことから考えたこと」「まとめ」（以上のことから言える人々の苦労や工夫，社会の仕組み）を書くようにします。

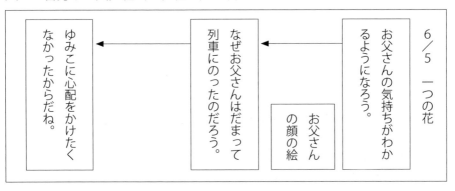

▲板書例

成功の秘訣

・一目で流れがわかる板書にしましょう。
・絵や写真，矢印などでポイントの理解を助けましょう。

2章　クラスがひとつになる！成功する学級開きアイデア

授業づくり

ＩＣＴ活用で役立つ情報機器はこれ！

学校にある情報機器を活用することで，視覚に訴えるわかりやすい授業を展開できます。

 学校にどんな情報機器があるか調べる

　まず，学校のどこにどんな情報機器があるかをチェックしましょう。もしわからなければ，それぞれの学校にいる情報担当の先生に聞くといいでしょう。見つけたら，それらがどれくらいの頻度で活用されているかも把握するといいでしょう。その頻度によって使用できる時間数も変わってくるからです。

 教室にあると便利なＩＣＴ機器３点セットは？

①プロジェクター
　学校の備品としてある物はかなり大きく照度も明るいので，ホワイトスクリーンではなく，黒板に直接当てても映像がはっきり見えます。

②教材提示装置
　今は，だいぶコンパクトになっているので，持ち運びも簡単です。また，カードリーダー付きの物もあるので，パソコンがなくても画像の読み込みも可能です。教科書の図や写真を提示したり，子どものノートを写したりでき

るので，授業の様々な場面で活用できます。

③ホワイトスクリーン（ホワイトボード）
　プロジェクターで映し出し，専用のマーカーを使えば，それに書き込むこともできます。

 最新のＩＣＴ機器は？

　何と言ってもiPadです。なぜかと言えば，iPadにはカメラ機能があるので，その場で画像を映し出せるのはもちろん，机間指導で回った子どもたちのノートを写し，その画像を呼び出して，プロジェクターとつなげ見ることが可能だからです。また，無線ＬＡＮがあれば，インターネットにもつなげるので，パソコンを使わなく

てもネット上のものを資料として活用できるというわけです。つまり，教材提示装置とデジタルカメラを合体させた機能をもっているということです。

　　　　　　　　　成　功　の　秘　訣

・授業のときに限ってうまく映せないことがないように，事前に何度も試しておきましょう。
・資料提示・話し合い活動など，授業のどの場面で活用させるかをしっかり決めておきます。

2章 クラスがひとつになる！成功する学級開きアイデア

授業づくり
授業のまとめは必ず教師がやろう

若手であろうとベテランであろうと，子どもたちに付けるべき力は同じです。基本的な授業スタイルを身につけて，授業の型を教室内で共有しましょう。

 授業の基本スタイルをおさえる

　授業は「つかむ→もつ→広げる・深める→まとめる」というスタイルで進めていきます。
　このスタイルを継続して行うことで，基礎基本を落とすことなく，時間内に授業を終えられる教師になります。

 「もつ」では今から学ぶことをはっきりと板書しよう

「学習課題」や「学習問題」と言われているものです。
授業のはじめの時間帯に黒板に明記しましょう。
色チョークで囲い，目立たせます。

 「もつ→広げる」は自分の考えをノートに書くことから

　自分の考えをノートに書く時間をとってあげましょう。
　できるだけ短い言葉（単語でもかまいません）で，たくさん書かせてください。そのあと，ペアや少数グループで説明させると，全体の前で挙手・発

言が苦手な子も意見を言えます。
　全体の場での共通理解と同じ，学習内容の理解に効果があります。

授業まとめは教師が行う「まとめる」

　授業ごとに，必ずその授業の中で子どもたちに付けさせるべき力があります。

　学習活動を通して，子どもたちは様々な思考を経て自分なりの解決にたどり着くわけですが，それが本時で身に付けるべき内容と合わないこともあります。また，解決できなかった子も出るかもしれません。

　そこで，教師が望ましい結論を明確に子どもたちに話すことで，子どもたちは本時で理解するべき（覚えるべき）内容についてはっきりと知ることができるのです。

　これが，学力の定着に直結します。

　マイナス5分くらいの授業時間をイメージしておくとよいかもしれません。

成功の秘訣

・付けさせたかった内容を話すと，本時の目標から外れないまとめになります。
・次時で行う内容に触れておいたり，子どもたちに予想させたりしておくと，次時のスタートがスムーズに切れます。
・家庭学習として，保護者にノートに書いたことを，各教科1～2分間ずつで説明させることを続けると，授業スタイルのサイクルがより効果的に回っていくようになります。

2章　クラスがひとつになる！成功する学級開きアイデア

授業づくり
ポイント制で宿題も楽しく！

宿題というと「いやなイメージ」があります。しかし，この「宿題ノート」を使った宿題なら楽しんでできます。

宿題ノートの使い方

「宿題ノート」の書き方を教えます。
①1ページを4つに区切ります。
②上の左は計算を書きます。（ドリルから）
③上の右は漢字を書きます。（ドリルから）
④下の左は「今日の学び」です。いわゆる「学習日記」です。一日のうち1時間から2時間を振り返って学んだことを書きます。何を学んだのか，どんな力がついたのか何がどう楽しかったのか，などを書きます。
⑤下の右はアイデアを自分で出すところです。調べ学習や，四コマまんがや，ことわざやスケッチなどを描きます。（右ページメニュー参照）

計算	漢字
今日の学び	メニューから

▲宿題ノート

　月曜日は漢字2ページ，火曜日は宿題ノート，水曜日は漢字2ページ，木曜日は宿題ノートと，交互に毎日やります。
　宿題ノートの評価はＡＡＡが3点，ＡＡが2点，Ａが1点。Ｂが0点，Ｃが－1点です。100点（ポイント）たまったら，3日間の連続宿題休暇が与えられるというシステムです。

高学年では「自学ノート」と呼び，自立性を高めるのにも役立ちます。

以下に4年生前期で取り組んだ宿題メニュー例を載せます。
A・Bそれぞれのメニューから二つずつ選択し，やっていきます。

〈Aメニュー〉
・計算ドリル ・漢字ドリル（○付けもすること） ・社会，国語，理科の本読みをして思ったこと ・読書の感想100字程度 ・新聞の記事からニュース ・好きな詩の視写 ・俳句やことわざの視写 ・にんべんのある漢字5つ ・きへんのある漢字5つ ・糸へんある漢字5つ ・○○の漢字集め5つ ・ローマ字で言葉を5つ書く ・偉人の伝記を紹介 ・総合で調べていること　など

〈Bメニュー〉
・先生にお知らせしたいこと ・最近，感動したこと ・四コマまんがシリーズ僕の（私の）ひみつ ・お話づくり（小説） ・今日，がんばっている人を発見！ ・楽しみにしていること5つ ・パズルや迷路 ・ゲームのキャラクターを登場させお話をつくろう ・趣味で調べたこと ・まんがの書き写し ・クロッキー（スケッチ） ・自分のクラス今日の5大ニュース ・最近の家族の5大ニュース　など

▲4月のノート　　▲7月のノート

成功の秘訣

・常に新しいメニューを朝の会やおたよりで紹介することが，あきない秘訣です。
・宿題は学年×10分が目安ですが，それ以上やってくるようになります。

2章　クラスがひとつになる！成功する学級開きアイデア

保護者対応

初めての懇談会は宝くじで

出会いは演出が大事。初めての懇談会で，おうちの方の心を捉えることができれば素晴らしい協力，援助が期待できます。

初めての学級懇談会では

①自己紹介の前のプロローグ

　宝くじを保護者一人に5枚ずつ配ります。（本物のはずれくじだと一層盛り上がります。）出歩いて出会った人とじゃんけんします。勝ったら宝くじをもらえます。負けたらあげます。そのとき，お互い名前を言って，「よろしくお願いします」と言います。5分後，一番持っていた宝くじの枚数の多い人が優勝です。教師も一緒にやりましょう。色画用紙でくじを自作してもいいですが，本物の宝くじだと「おっ！」となります。緊張していた雰囲気がやわらかいものになります。

②担任自己紹介及び一年間の指導方針を話す

・簡単に自己紹介をします。
・一年間の指導方針を話します。
　　例えば…：私がおうちのみなさんにお伝えしたいことは，「教育＝共育」（黒板に書きます）です。親，子ども，教師が共に同じ方向を向かないと，指導が子どもに入っていきません。子どもは都合のいいことは親に話しますが，ときに都合の悪いことは話しません。子どもの言うことがすべてで

はないのです。特にけんかなどがあったとき,「言った」「言わない」「やった」「やらない」でもめることがあります。学校は調査の上,みなさんに事実をお伝えします。やってしまったことよりもこれからのことが重要です。親と教師と子どもが共に同じ方向を向くのが「共育」です。

　学校・家庭・地域が共に取り組むことの最も大切なことはあいさつです。他にも,靴の整理整頓ができる,上靴をしっかり履ける,掃除がしっかりとできる,など,これらはご家庭でもできることです。

　ぜひ,「共育」にご協力ください。

③叱るときは,しっかりと

　担任が叱るポイントも保護者に伝えておきます。

　お父さんやお母さんを悲しませるようなことをしたとき(例えば,いじめ,万引き,物壊し,不法侵入など),命に関わるようなことをしたとき(例えば,階段で後ろから押す,窓に腰掛けるなど)には叱ると話しましょう。

成功の秘訣

・最初の紹介ゲームでなごやかな雰囲気ができれば成功です。
・「共育」を強調すると今後の指導に一貫性が出せます。

2章 クラスがひとつになる！成功する学級開きアイデア

保護者対応
親子度チェックで子ども理解

活動アイデアの一つは保護者と初めて会う４月の懇談会ならではのアンケートです。これを行うことで保護者の心をつかむことができるはずです。

 教師が１問ずつ読んで

紙を配布したら，教師が１問ずつ読んで取り組んでいただきます。質問に対して詳しい解説を混ぜることでわかりやすく伝えることができるからです。全部終わったところで，○がついた数を数えていただきます。点数はあくまでも目安ですが，○が１つで５点，全部で100点満点です。

 親子度チェックを通して親子関係を振り返らせる

大切なのは点数の高い低いではなく，そのアンケートを答える中で保護者が子どもとの親子関係を見直すきっかけにするということです。

 終わった後，グループワークを行う

時間がとれるなら，親子度チェックをもとに小グループごとに分けて，簡単に感想を伝え合う時間をとってもよいでしょう。"子どもとの関係で大切にしている項目"，"なかなか思うようにできていない項目"など，教師側で共通の話題となるテーマを決めて話し合わせることもできます。

4年参観会資料

親子度チェック

ご自分ができているなと思ったら，（　）の中に○を入れてください。

1. 「ただいまー」と外から帰ったとき，必ず「おかえり」と心よく迎えていますか。（　　）
2. 学校であったことを，子どもの目を見て真剣に聞いていますか。（　　）
3. 子どもの相談にのってあげていますか。（　　）
4. 親から子どもに話題を提供して，話しかけていますか。（　　）
5. 子どもと一緒に，どなたかお風呂に入っていますか。（週1～2回程度）（　　）
6. 食事は，家族そろって食べていますか。（週3回くらい）（　　）
7. 食事のとき，ＴＶを消して食べていますか。（　　）
8. 親が子どもの手本になるように，きちんと片づけていますか。（台所，押入など）（　　）
9. 親も外出するときは「行ってきます」，帰るときは「ただいま」と言っていますか。（　　）
10. 家族全員，家の中の仕事を分担していますか。（　　）
11. ごみなど，決められた日にきれいにして出していますか。（　　）
12. 成長したなーと感じたら，ほめていますか。（　　）
13. 子どものために，おいしい食事をつくっていますか。（　　）
14. 子どもと週1回ぐらい遊んでいますか。（　　）
15. 子ども同士の会話に，親が割り込んでいませんか。（　　）
16. 子どもの持ち物は，今どんな物を持っているか知っていますか。（　　）
17. 子どもに，うるさい親だと思われていませんか。（　　）
18. 親は，子どもに尊敬されていると思いますか。（　　）
19. 親は，我が子が「何とかわいいだろう」と思っていますか。（　　）
20. 親は，子どもの将来を子どもなりにやっていく子に育てる自信がありますか。（　　）

成功の秘訣

・教師が1問ずつ読んで取り組んでいただきます。
・点数の善し悪しを決めるのではなく，このアンケートを回答することを通して，子どもへの接し方について振り返ることが目的です。

2章 クラスがひとつになる！成功する学級開きアイデア

保護者対応
保護者会でお悩み相談

自分より年上の保護者が多い場合，保護者会はやりづらいものです。そんなとき，親同士で悩みを相談し合う「お悩み相談」は大好評です。

📝 どの親も子育てで悩んでいる

　親は子どもがいくつになっても，日々悩みを抱えています。ママ友などとは愚痴を言い合ったり，相談をしたりしますが，様々な事情も絡み合い，多様な意見を聞きにくいものです。そこで保護者会の機会を利用して，親の悩みを相談できる場をつくります。

📝 お悩み相談の進め方

①無記名で，お子さんについての「お悩み」を用紙に書く。
②「お悩み」を回収し，再配布する。
③自分のところに届けられた「お悩み」について，無記名で回答を書く。
④紙を再び集めて，6人ほどのグループになり回答を読み合う。
⑤読み終わったら別グループの用紙も回し読みをする
⑥グループごとに，子育ての悩みなどについて話し合う。

自分が親から受けた躾で一番心に残っていることを伝える

　もし担任の先生自身も親であったら，同じように悩みを出してアドバイスをしてもらいます。そうでなければ，自分が親から受けた躾で一番心に残っていることを紹介するのも興味深く話を聞いてもらえます。

 ## 学級だよりで共有する

　参加人数や時間の関係ですべてのＱ＆Ａに目を通せずに，保護者会が終わる場合があります。そのときは，悩みごとに整理して学級通信で紹介すると子育て情報を共有することができます。

　また保護者会の感想を寄せてくれたら，その感想と教師のコメントを学級通信で紹介します。こうすることで，保護者に担任の子育てに対する考え方を理解してもらえ，親しみを持ってもらうことができます。

```
　　　　うちの子　お悩み相談　　だれか教えて！

Ｑ　子育てで　こんな悩みがあるんですけれど…
┌─────────────────────┐
│                     │
└─────────────────────┘

Ａ　よくわからないけれど，こうしたら？？
┌─────────────────────┐
│                     │
└─────────────────────┘
```

成功の秘訣

- どの親も子育てで悩んでいます。お悩み相談で悩みを出し合い，アドバイスをし合います。
- Ｑ＆Ａを学級通信で紹介し，子育て情報を共有し合います。

2章　クラスがひとつになる！成功する学級開きアイデア

保護者対応

子どもクイズで家庭訪問を楽しく

「担任を受け持ってまだ月日が浅いのに、どんな話をしたらいいのだろう？」と悩んでしまうときは、こんな楽しい活動を取り入れるのもおすすめです。

班の友達によいところを書かせる

　クラスの子ども全員のよいところは、子どもの方がよく知っているかもしれません。「班の友達のよいところをみつけよう！」と子どもたちにみつけて書いてもらうと、家庭訪問時の貴重な資料になります。

学校生活アンケートを子ども一人一人からとる

　学校生活について5つ程度の項目に絞って子どもからアンケートをとります。内容については、新しい学年になって自分の子どもがどうなんだろうと保護者が気になっている、学習・友達・休み時間の過ごし方についてがよいでしょう。最後に『友達から一言』というコーナーを設け、班の友達のよいところで書かれたことを記入できるようにしておくと、資料をまとめることができます。

○×ピンポンブーを使って、学校生活クイズを出す

　家庭訪問では、子どもが書いた学校生活アンケートを使って、そのまま学

校生活クイズを保護者に出題していきます。そのときに使うのが○×ピンポンブーです。1問ずつ出していき，それを使って正解不正解を伝えます。その音が鳴ることで，合っているか違ってるかに関係なく，保護者から自然と笑みがこぼれ，家庭訪問がほのぼのした雰囲気の中で行われます。また，最後に班の友達がみつけたよいところを伝えることで，保護者の方に喜んでもらえるのは間違いありません。

　　学校生活アンケート
　　　　　　　　　名前（　　　　　）
1．好きな勉強は何ですか
（　　　）
　わけ

2．勉強はよくわかりますか（はい・いいえ）
　どんなところが

3．休み時間によくすることは何ですか

4．仲のよい友だちはいますか（はい・いいえ）
　だれ

5．4年生になって，かわったこと

6．友だちからひとこと
（　　）さんから

（　　）さんから

▲○×ピンポンブー

成功の秘訣

・アンケートをしっかりとり，家庭訪問としての資料をきちんとそろえます。
・明るい表情で笑顔を絶やさないでふるまいましょう。

2章　クラスがひとつになる！成功する学級開きアイデア

保護者対応
学級だよりを発行しよう

学級だよりは学級の「今」を伝えるいわば広報誌です。おうちの方は「今，自分の子が何を学校でやっているのか」を知りたいのです。そのためにはおたよりで知らせるのが一番です。

 ## 毎日出すのがベスト

　保護者にとっても学校の様子がわかり，自分の記録にもなる，それが学級通信です。
　毎日書くためには授業を工夫しなければなりません。
　自分の修行ともなります。
　毎日発行するための原動力は，自分の授業を残して保護者に伝えたい，子どもたちが大人になったときに，きっと製本されたおたよりを見て，当時を思い出してくれるだろうなど，様々あるでしょう。

 ## 仕事のルーティンに組み込む

　とはいえ，毎日出すのは難しいかもしれません。単純に計算しておよそ200日の授業日数がありますから，毎日で200号。一日おきで100号になります。製本するのであれば100号を目安にしましょう。
　製本しておくと，あの頃，こんなことがあったのかと，子どもや保護者に振り返っていただくこともできます。

おたよりに書くことはいいことだけ

　製本して残すことを考えて、いいことだけを書きます。こんな授業をやっています、こんないいところがありますなど、いわば、自分のクラスの宣伝のつもりで書きましょう。

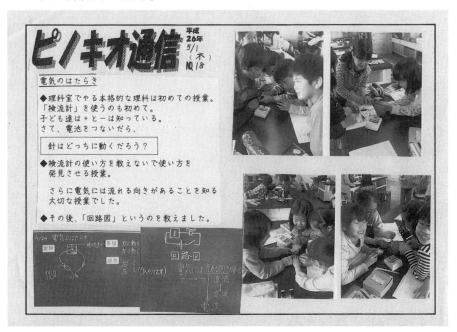

成功の秘訣

- 写真や作文を載せるときは保護者の許可を得ましょう。事前に懇談会で確認しておくとよいです。
- 板書を載せると、授業の様子が伝わります。自分の記録にもなります。
- 載るのが一定の子に偏らないようにチェックしておくといいでしょう。

保護者対応
心をつかむ
連絡・対応の仕方

億劫になりがちな保護者との連絡も，ちょっとしたツボを押さえれば，信頼を得られます。

 お休みの子に連絡をする

　欠席した子に翌日の予定を連絡します。年度初めにペアを決めておき，予定帳を書いて，配布物と共に届けます。予定を書く用紙を用意しておき，教師や友達からのお見舞いメッセージを添えると喜ばれます。
　学校から配られる様々な配布物と一緒にビニル袋に入れて届けてもらいます。

 連絡帳に返信する

　保護者からは連絡帳に，様々な連絡や相談事が書かれてきます。
　「体育の授業を見学します」といった簡単なものなら，サイン程度で構いません。
　しかし，ときには内容が込み入っていたり，返事を書きにくい場合があります。そのときは，同学年の先生や管理職に連絡帳を見せて，どのように対処したらいいか相談しましょう。
　特に文章は，形として後々まで残るので，表現には慎重さが求められます。文章表現が難しいときには，「後ほどお電話します」とのみ記し，保護者が

忙しくない時間を見計らって，電話で直接話しをした方が理解をしてもらえることが多いです。

電話で子どものよさを伝えよう

　お見舞いの電話など，保護者に電話をかけるときはチャンスです。
　「具合はどうですか。お大事にしてくださいね」のあと，「このごろ○○さんは，こんなことでがんばっていますよ。いい姿が見られますよ」とその子のよさを伝えます。
　子どもが学校でがんばっている様子を，担任の先生から直接聞けるので保護者も喜びますし，子どもも「先生がほめてくれていたよ」と親からほめてもらえます。

アフターケアをしよう

　連絡帳に心配事などが書かれていたら，学級担任としてすぐに対処するのはもちろん，問題が収まった後に「その後どうですか？」と念押しをします。
　こうしたアフターケアがあることで，保護者は「いつもうちの子のことを気にかけてくれている」と担任に対する信頼を深めてくれます。

―――― 成功の秘訣 ――――

・お休みの子に連絡にはメッセージを添えて。
・連絡帳への返信は慎重に書きましょう。
・電話は子どものよさを伝えるチャンス。
・アフターケアをして保護者から信頼してもらいましょう。

2章　クラスがひとつになる！成功する学級開きアイデア

一ヶ月を乗り切ったら考えること

ベーシックフロー　交友関係を見直しその子のよさを知り，授業や宿題などの学習面を充実させるために，グループ学習で人間関係を育てることを考えながら学級をつくっていきます。

❶ 交友関係を見直す

　一ヶ月もすると子どもたちの交友関係が見えてきます。グループに入れない子，そこまでいかなくてもひとりがちになる子，核となって活躍する子。座席表を使いながら，一人一人のカルテを記入します。毎日でなくても気になる子，いいことをした子，子どもたちの実態をつかむことでその子の特性が見えてきます。今まで番号順だった席をくじ引きや教師の意図で変えることもできてきます。こうして「学級集団」を創り上げていくのです。

❷ その子のよさを知る

　一人一人の名前と顔も一致してきて，学級を全体でなく「個」としてとらえるようになってきます。その子の「気になるところ」も見えてくるでしょうが，それよりも「その子のよさ」を記録してみましょう。「教育」とはもともと「引き出す」という意味です。その子のよさを引き出すにはどうすればいいか，考えましょう。どの子と関わらせればいいか，授業でのスタイルはどうすればいいかなど，一ヶ月たったからこそ見えてくるものがあるでしょう。

❸ 授業や宿題などの充実を

　授業は問題解決学習ばかりではありません。ここは教えるところ，ここは考えさせるところ，この時間は学習ゲーム，この時間は漢字を覚える，この時間は調べ学習，などなど授業形態は様々です。また，様々でないと子どもたちは「またか」と飽きてきます。いろいろな方法を知っておく必要があるのはこのためです。

　一ヶ月もたてばノートも充実してきます。宿題もやり方が定着し，楽しむ子も出てきます。

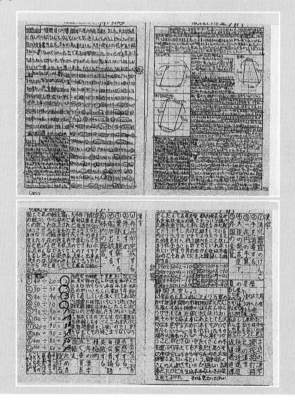

たくさんのアプローチで子どもを知ろう

子どもを知ることは、子どもを伸ばすこと、子どもに力をつけてあげることです。一ヶ月を乗り切ったら、より深く子ども一人一人を見ていきましょう。

 家庭訪問では家庭での様子を聞く

　家庭訪問では、家での過ごし方を聞きましょう。誰と遊ぶか、どんな遊びが好きか、また、苦手なことや前年度困ったことなどを聞きます。特に、「登校を渋ったことはないか」を聞くことは、大切なことです。また、ひとりぼっちになっても平気であるかも聞きましょう。まれに、友達がいないと不安でしょうがないという子がいます。

 休み時間に子どもと遊ぼう

　週１回でよいです。クラス全員の子どもたちと遊びましょう。子どもたちの人間関係がわかります。思いがけない子が、活躍していることを知ることができます。

 男子のことを女子に、女子のことを男子に聞こう

　男子は女子のことをよく見ています。また、女子も男子のことをよく見ています。元気がない子や、少し態度が変わってきた子について聞くと、教師

が知らないことを教えてくれます。

　例えば，「〇〇君，△△君とけんかをしてるんだよ。絶交してるんだって」等のことを知ることができます。

 アンケートを活用しよう

　子どもたちが，いじめのアンケートや学校生活アンケートなどを記入することがあります。無記名で書くことが多いです。無記名でのアンケートの場合，クラスの傾向を知ることができます。

- 子どもと毎日遊ぶことが難しければ，週1，2回でもよいので継続して行いましょう。
- 家庭訪問が終了した後，子どもに友達関係などについて，尋ねてみるとよいでしょう。
- 一人一人の記録を簡単にメモしておくもの大切なことです。

2章 クラスがひとつになる！成功する学級開きアイデア

くじ引き席替えで，多くの友達と仲良くなろう

どこの席になるか，誰と隣になるか，また誰と同じ班になるかは，子どもたちの大きな関心事です。誰もが公平にどの子とも一緒になり，多くの友達をつくりたいものです。

📝 子どもたちに席替えの目的を話す

「誰もが公平にどの子とも一緒になり，多くの友達をつくる」という席替えの目的を子どもに話します。そのために，毎月〇回席替えをする，ということをあらかじめ伝えておきましょう。

公平であれば，どんな方法でも構いません。やり方は子どもから募集してもいいでしょう。多くの場合，楽しそうな響きのある「くじ引き」で席替えをしています。

📝 くじを準備し，座席表を黒板に書く

トランプ大の厚紙に男女別に番号を書き，くじをつくります（一度つくっておくと何年も使えます）。そして黒板に座席表を書き，男女混合になった番号をふります。そして，順にくじを引いていきます。

📝 配慮の必要な子は……

教室にはいろいろな個性をもった子どもがいます。意地悪な子とは誰もが

隣や同じ班にはなりたくないものです。けれど、そんな子もクラスの楽しさに巻き込んで学級をつくっていくのが学級経営です。そのため、誰もが納得するくじ引きは有効です。一ヶ月で替わる、と思えば、多少のやんちゃも許せます。

　また、視力が弱く黒板の字が見えにくい等で前の方の席でなくてはならない子もいるかもしれません。そんなときは前の席の番号だけのくじを先に引かせます。

　何回もやっていくと、「先生、また同じA君と隣になっちゃった」などと言う声も出てきます。「それはね、20人の内の1人と一緒になるのだから、宝くじよりも何倍も当たりやすいんだよ」などと言いましょう。

　子どもたちから募集したくじ引きをすることもあります。例えば、座席表の左右や上下半分に分けて、その中でくじを引いたこともあります。

▲座席表と男女別のくじ

成功の秘訣

・学級経営にプラスになる席替えにしましょう。毎月の席替えを待ち遠しいと感じられるように。
・子どもの希望を取り入れつつ楽しく、時間をかけないで席替えをします。

2章　クラスがひとつになる！成功する学級開きアイデア

3回の運で決まる席替えで子どもたちも納得!!

基本的な席替えルールをマスターしたら，よりゲーム性の高い方法にすると一層盛り上がります。

　たかが席替え，されど席替え。いいかげんな方法での席替えは，クラスの雰囲気を悪くします。でも，しっかりルールを決めておけば，秩序もあり，偶然の出会いも楽しめる席替えになります。さらに，子ども同士のコミュニケーションを深める機会を増やしてあげられます。
　くじはくじでも，よりゲーム性の高い席替えアイデアです。

第1回目の運　先生とクラスのみんなでじゃんけん

　クラス全員とじゃんけんをします。まず，全員立たせ，一斉にじゃんけんをします。勝った子は，前に出てきてくじ引きができます。「あいこ」と「負け」の子は，じゃんけんに勝つまで席でじゃんけんを続けます。

第2回目の運　くじ引き

　トランプ大の色画用紙（2色）を用意し，カードに番号をふり，くじをつくっておきます。番号は，それぞれ男子の人数分，女子の人数分の数を書きます。番号が見えないようにカードを折り，大きめのビニル袋に入れておきます。ビニル袋は，男子用と女子用に分け，じゃんけんに勝った子から，そ

れぞれの袋からくじを引きます。

 第3回目の運　先生のランダムにふった番号

　黒板に座席表を書いて，男女の人数分の数字をランダムに先生が書きます。男女が隣同士になるように番号をふる以外は，ランダムに子どもたちの前で番号をふります。
　この座席表は，くじ引きをする前に黒板に書いても，あらかじめ番号をふっておいた座席表をプリントにしてつくっておいても構いません。

 自分の引いた番号の席に引っ越しをする

　自分が引いた番号の席に，一斉にまずは体だけ引っ越しをします。この時点では，まだ最終決定ではありません。席に座ってみたところで，黒板に書かれた文字が見えにくい子がいれば，手を挙げてもらいます。その子は，その列の前に移動します。（その列は一つずつズレます。）微調整がすんだら，席が決定されます。

成功の秘訣

・3回の運で席が決まるので，決まった席に子どもたちは納得します。先生が意図的に決めたわけではないので先生への不満もありません。
・席替えをする前にあらかじめ視力の低い子などを全員の前で確認しておきます。視力の低い子が後ろの席になってしまったときは交代してもらうことがあることを全員に知っておいてもらいます。

2章 クラスがひとつになる！成功する学級開きアイデア

学級づくりに役立つ！
友達づくりゲーム

子どもは楽しみながら友達をつくり，教師は学級づくりの有力な資料が手に入ります。

 友達づくりゲームを行う

①帰りの会に行います。ゲームのルールを説明します。
　「新しいクラスになったので，たくさん友達をつくりましょう。今からクラス名簿を配ります。まずは自分の番号に○をつけます。誰が記入した名簿かわかるようにです」
②「次に今日の日付の欄に今日お話をした人に○をつけます。○がたくさんついた人が友達づくり名人です」
③子どもに○の数を数えさせ，一番話ができた子どもをほめます。これを一週間行います。

話した人は次第と増えていきますし，このゲームをきっかけに子ども同士も積極的に話すようになります。

 名簿から分析する

一週間たち，ゲームが終わったら，名簿を分析します。たくさんの子と話をしている子，決められた子しか話をしていない子など，名簿から分析がで

きます。

特に，○が極端に少ない子は，新しいクラスになり孤独感を感じている可能性があります。教師が積極的にその子に声をかけたり，席替えでたくさん話ができる子の近くにしたり，道徳でエンカウンターを行い友達づくりを支援するなどの手だてが考えられます。

	氏名	月	火	水	木	金
1	△×太郎					
2	□×花子		○	○	○	○
3	●△一郎			○		○
4	◇△A子	○	○	○	○	○
5	●△B子		○			○
6	▲△次郎	○			○	○
⑦	□△三郎					
8	●△C子				○	○
9	××D子					
	戸塚健太郎先生	○		○	○	○
	合計	3	3	4	5	7
	累計	3	6	10	15	22

成功の秘訣

- たくさん話した子どもを学級通信に載せて評価しましょう。
- 名簿に担任の名前を入れると，自分が誰と話しているかもわかります。
- その日の合計だけでなく，累計も評価してもよいでしょう。
- 名簿を参考にソシオグラム（学級の人間関係や集団の構造を図表化したもの）をつくり，学級の人間関係の把握をすることもできます。

2章 クラスがひとつになる！成功する学級開きアイデア

授業には体験や活動を取り入れよう

授業の中に，体験や活動を取り入れましょう。一の体験は百の見聞に勝ります。本物の体験や活動をすることが，より深く豊かな学びにつながります。

 具体物を使う

　具体物を使うと思考が高まり，子どもは操作活動をしながら，生き生きと思考を高めます。
　例えば，小学校3年生の社会「スーパーマーケット」で売り場の工夫について扱うときには，実際にバナナを用意します。バナナがよく売れるような並べ方を考えさせます。

 実験する

　目の前で実験をすることで，子どもの興味関心を高めることができます。3年生の理科「ものと重さ」で，大きさは同じでも重さが違うことを実験しながら確かめていきます。
　例えば，ピーマン，ニンジンなどいろいろな野菜を用意し，水に浮くか浮かないか，予想を尋ねながら水槽に浮かべていきます。子どもたちは，実験することで根菜類が沈み，果菜類は浮くことに気づいていきます。

見学する

　社会科見学以外にも，学区内には見学させていただける場所があります。授業と連携して見学に出かけると，地域との連携がより深まります。

　例えば，総合学習で福祉をテーマにしているときには，高齢者用の福祉施設に出かけ，見学や交流会の機会をもちます。お年寄りと触れ合うことで，より具体的に理解をすることができます。

 ## 役割演技（ごっこ活動）

　役割演技を取り入れると，子どもの思いを表出させたり，理解を深めることができます。

　低学年の道徳では，お面をかぶって登場人物になりきることで，主題に迫っていくことができます。6年生の社会「戦国時代」では，じゃんけんをして戦をして，一番勝った人が天下を統一するという「天下統一シミュレーション」で戦国時代の様子を再現します。

 ## 社会に関わる

　活動を校内だけで終わらせることなく，社会と実際に関わりをもちます。例えば，畑で栽培した野菜などを，市場などで実際に販売します。実際にお金をいただくために，ていねいな仕事が求められます。一つ一つの取り組みも変わってきます。

成功の秘訣

・チャンスがあれば，具体物／実験／見学／役割演技／社会との関わりを取り入れましょう。

2章 クラスがひとつになる！成功する学級開きアイデア

板書の係を決めて責任感を育もう

板書する係を決めると，一年間の板書がすべて記録として残ります。自分の反省にも，前時どこまでやったかもわかります。

「板書係」をつくる

①板書用のノートを用意します。（クラスに1冊）
②1時間に一人，板書を写す子を決めます。
　どんな板書でもとにかく写します。もちろん，自分のノートも書きます。
　2冊書くことになりますが，小学校1年生でもできます。
③次の時間は隣の人に板書ノートを渡します。
　このようにして1時間に一人ずつ，次々と回します。
④一年間分の板書が残り，かつ「書く力」も付いてきます。
⑤「写す」ことが学習です。その力が付いてきます。
⑥家庭科や音楽など，自分が受け持っていない教科の授業も何をやったのかがわかります。

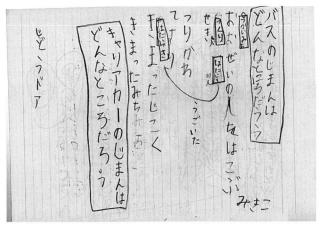

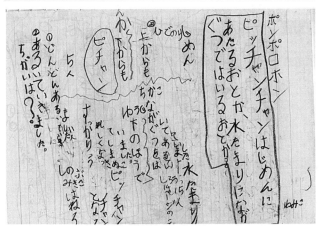

▲小学校1年生の板書ノート

> 成功の秘訣

・板書をそのまま写します。
・次の時間のもとになるからねと言うと、ていねいに写します。

2章 クラスがひとつになる！成功する学級開きアイデア

授業のまとめは"ふりかえりシート"で

授業の終末でその時間の学習を振り返る活動が重視されてきています。毎時間は大変ですが，一日に一つなら取り組めます。

記入方法1：授業の終末に書かせる

　一日の学習の中で，この授業の子どもたちの思いや反応を知りたいというときに，シートを用意し，記入させます。5分位の時間は確保して書かせるようにしましょう。

記入方法2：帰りの会の前に書かせる

　すべての学習が終わり，帰りの支度をする前にシートを用意し，記入させます。振り返りを書く教科については自分が書きたい教科を選ばせてあげるといいでしょう。もちろん，目的をもって教師サイドで教科を指定して書かせるのもよいでしょう。

授業のねらい・目標への迫り度がわかる

　子どもが書いた内容を読めば，その授業の目標がどれくらい達成できたかはだいたいつかめるようになります。1時間の授業の中では，とらえられなかった子どもたちの表れを見つけることもできるでしょう。

子どもが関心をもって取り組んだ授業がわかる

　子どもに振り返りを書く授業を選ばせれば，その日の授業の中で子どもたちがよかったと思う授業を知ることができます。また，書いてある内容を読めば，なぜその授業がよかったかもわかるはずです。それを知ることで，指導の判断材料になります。

 ## 書かれている内容について赤ペンを入れる

　書かれている子どものよい表れについて認めたりほめたりする赤ペンを入れることで，子どもとの交流も行え，生徒指導的な役目としても活用できます。学習日記として日々の積み重ねをしていくと，子どもたちの大きな財産にもなっていきます。

成功の秘訣

- 時々よい表現で書かれている子のシートを紹介してあげるといいでしょう。
- 赤ペンは，短い言葉でわかりやすくほめます。

2章　クラスがひとつになる！成功する学級開きアイデア

家庭学習が一目でわかる「家庭学習・連絡カード」

家庭学習の確認は，意外と時間がかかります。システム化することで，一年間，家庭学習のチェックと同時に保護者との連絡帳としても活用できます。

 カードでチェックする内容を決め，カードをつくる

家庭学習は何を行わせるか，どんなことをチェックするかなどを決め，それらを項目の中に入れます。ひと月ごとに日付を入れたカードをつくっておくと，提出したかどうかもわかりやすいです。

〈項目例〉
- 音読（読んだところ）
- 漢字
- 計算
- その他の学習（自主勉強）
- 学習時間
- 評価
- ちょっと一言
- 先生の印

 毎朝提出・その日のうちにチェック・帰りまでに返却

日付が入っているので，毎日帰りまでにチェックします。「ちょっと一言」の欄などで保護者からコメントがあった場合は，返事を書いたり，子どものよい表れを書いたりすると喜ばれます。

日	曜	音読(読んだ所)	漢字	計算	その他	勉強時間	評価ABC	ちょっと一言	先生の印
7	月					分			
8	火					分			
9	水								

4年 家庭学習・連絡カード 4月　名前（　　　）

音読は，一般的に国語の教科書を読ませますが，ときには他教科（社会・算数・理科）なども読ませるのもよいです。

学習時間は学年×10分くらいが基本と言われています。これについては，学年の担任同士で話し合って決めておき，学年初めの懇談会などで保護者にもしっかり説明しておくとよいです。

子どもが自分の家庭学習を自分で評価するところです。
　よくできた……A
　できた…………B
　しっかりできなかった……………C
このような自己評価をさせます。子どもがどんな評価を書くか見守っていきましょう。

ここは，保護者の方と担任とのおしゃべりの場としたいです。何を書いてもいいようにします。書くことがない場合は，もちろん書かなくて結構ですが，見たということがわかるように，サインだけは入れていただきます。"ここには書けない"という相談事は，連絡帳や電話で担任に知らせるようにします。

成功の秘訣

・保護者へのコメントは，無理のない程度で書くようにします。1日何人と決めて書くといいでしょう。
・「先生の印」欄は，評価がわかるハンコがあると便利です。

おわりに

　「学級開き」の最初の緊張は子どもも教師も同じです。
　「どんな子どもたちだろうか」「どんな先生だろうか」
　子どもたちと教師。つまり，これが巡り合わせです。「縁」です。
　その「縁」を大切にしてお互いの歯車を組み合わせ，そこに保護者（家庭）の歯車を組み合わせてはじめて学級がうまく動いていきます。
　私はいつもこのことを「共育」（教育＝共育）と言ってきました。
　三つの歯車がうまく合わないとその教育効果は半減してしまいます。
　本書に掲載した「初めての懇談会は宝くじで」をやったとき，明らかに最初と最後とではおうちの方の表情が違います。かたさが取れ，やわらかな表情になっています。「歯車がかみ合ってきたな」と思う瞬間です。
　そういった意味において「学級開き」は最初の歯車を合わせるためのものです。本書にはそういった工夫がたくさん載っています。
　ぜひ，本書を教室の片隅において，いつでも取り出せるように，活用してください。

　この本の執筆にあたっては，静岡教育サークル「シリウス」，藤枝教育サークル「亀の会」のメンバーが，長年培ってきたノウハウが詰まっています。サークルのメンバーのみなさんに，感謝いたします。
　また，企画の段階から，いろいろなご助言をいただいた明治図書，編集者の林知里さんには本当にお世話になりました。この場をかりてお礼申し上げます。

静岡教育サークル「シリウス」代表
柴田　克美

【編著者紹介】

静岡教育サークル「シリウス」
(しずおかきょういくさーくる「しりうす」)

1984年創立。「理論より実践」「具体的な子どもの事実」「小さな事実から大きな結論を導かない」これらがサークルの主な柱です。自分の実践を語る場がある，聞いてくれる仲間がいるというのはすばらしいことです。同じ志をもつ仲間がそこにはいます。
著書：『学級力がアップする！教室掲示＆レイアウト　アイデア事典』『子どもがみるみる活気づく！学級＆授業ゲーム　アイデア事典』『子どもがいきいき動き出す！　係活動システム＆アイデア事典』

連絡先　柴田克美　✉pinokio2008@live.jp
　　　　森竹高裕　✉ezy10157@nifty.com

【執筆者一覧】

泉　真	前静岡市立公立小学校
岩瀬丈洋	静岡市立城北小学校
宇佐美吉宏	静岡市立安西小学校
大西　洋	静岡市立東豊田小学校
角田一磨	静岡市立伝馬町小学校
佐藤友紀晴	静岡市立安倍口小学校
塩谷　雅	焼津市立豊田小学校
柴田克美	静岡教育サークル「シリウス」顧問
鈴木弘敏	静岡市立麻機小学校
戸塚健太郎	焼津市立大井川中学校
深澤三佳	静岡市立伝馬町小学校
松岡　悟	藤枝市立青島東小学校（藤枝教育サークル「亀の会」代表）
水取洋平	静岡市立清水岡小学校
森竹高裕	静岡市立安西小学校

クラスがぎゅっとひとつになる！
成功する学級開きルール＆アイデア事典

2015年3月初版第1刷刊 2017年6月初版第4刷刊	©編著者　静岡教育サークル「シリウス」 発行者　藤　原　久　雄 発行所　明治図書出版株式会社 http://www.meijitosho.co.jp （企画・校正）林　知里 〒114-0023　東京都北区滝野川7-46-1 振替00160-5-151318　電話03（5907）6703 ご注文窓口　電話03（5907）6668
＊検印省略	組版所　長野印刷商工株式会社

本書の無断コピーは，著作権・出版権にふれます。ご注意ください。

Printed in Japan　　　　ISBN978-4-18-050857-0

▶静岡教育サークル「シリウス」編著

教室の「いいね!」を集めたアイデア事典
学級力がアップする!
教室掲示＆レイアウトアイデア事典

A5判・144頁・本体1,700円+税【1153】

子どもの個性が光る係活動のポスター、給食が楽しみになる献立表、教室がスッキリする収納術…などなど、小さな工夫ながら学級の雰囲気がガラッと変わる教室の掲示物やレイアウトのアイデアを、実際の写真とともに多数紹介。さぁ、学びの空間をデザインしよう!

ベテラン教師お薦め!子どもが喜ぶとっておきゲーム100
クラスがみるみる活気づく!
学級＆授業ゲームアイデア事典

A5判・144頁・本体1,800円+税【1612】

クラスをまとめ動かしたり、学級の人間関係をあたためたりするのに最適なゲームから、ちょっとした工夫でぐっと学級がつながり、学びが深まる授業アイデアまで、楽しくて賢くなるアクティビティを100収録!教室に常備して、目的に応じてちょい引きできる1冊。

学級生活がより楽しく、豊かになるアイデア満載!
子どもがいきいき動き出す!
係活動システム＆アイデア事典

A5判・144頁・本体1,800円+税【1742】

連絡係、体育係、黒板係といった学級を運営していくうえで必要な定番の係活動から、カウントダウン係、パーティ係、ほめほめ係など、子どもたちが自主的に運営する個性派の係活動まで、子どもがいきいきと動き出す係活動のシステムとアイデアを多数紹介!

明治図書　携帯・スマートフォンからは **明治図書ONLINEへ** 書籍の検索、注文ができます。▶▶▶

http://www.meijitosho.co.jp　＊併記4桁の図書番号（英数字）でHP、携帯での検索・注文が簡単に行えます。

〒114-0023　東京都北区滝野川7-46-1　ご注文窓口　TEL 03-5907-6668　FAX 050-3156-2790

＊価格は全て本体価表示です。